イタリア語
ボキャビル・トレーニング

京藤好男

SANSHUSHA

●音声ダウンロード・ストリーミング

1. PC・スマートフォンで本書の音声ページにアクセスします.
https://www.sanshusha.co.jp/np/onsei/isbn/9784384060683/
2. シリアルコード「06068」を入力.
3. 音声ダウンロード・ストリーミングをご利用いただけます.

音声について
吹込者：Francesca Miscio
収　録：覚えておきたい基本の単語・表現
　　　　（🔊00の数字は音声ファイル番号）

まえがき

　イタリア語を学ぶ方に「おすすめの単語集はありますか？」とよく聞かれることがあります。もちろん、既刊の書籍の中に良書がたくさんありますので、必要とされるレベルや目的に応じて推薦させてもらいます。しかし、その単語集をもってしても、後に検定試験や現地での会話に活かせなかったという体験談に触れることが少なからずあったことで、従来の単語集はあくまでも「リスト」に過ぎず、苦労して覚えた語彙を「道具」として活かす要素が足りないと思うようになりました。それが本書の発想のきっかけです。

　確かに、外国語を使いこなす前提として、語彙を増やす努力を怠ってはいけません。しかし、特に初学者にとって、どの程度（レベルと質）の単語を、どれくらい覚えておけばよいのか。さらに、それを使いこなすレベルに引き上げるには、どのような練習が有効なのか。それらを総合的に示す学習書はこれまでにありませんでした。

　参考にしたのは、実用的な語学力のレベルを段階的に示した CEFR（ヨーロッパ言語共通参照枠）です。同基準では「基礎レベルの A1」から「母国語話者レベルの C2」まで 6 段階に分かれています。しかし、そのすべてを一冊の単語集が網羅することはさまざまな面で無理が生じます。そこで、まずは A1／A2／B1 のレベルに絞ることにしました。その大まかな基準内容は次の通りです。

A1　日常的表現と基本的な言い回しは理解し、用いることもできる、等。
A2　個人や家族の情報、買い物、近所、仕事など直接関係がある領域で
　　　表現ができる、等。
B1　仕事、学校、娯楽で普段出会うような身近な話題について理解できる、等。

　こうした「買い物」「仕事」「娯楽」などのカテゴリーを基にして、日常性を主眼に置けば、必要な単語や表現の優先順位もある程度明確にできます。さらには、専門性の高いレベルを目指す方もいらっしゃいます。そこで次の B2 の内容も付け加えることにしました。

B2 自分の専門分野の技術的な議論も含めて、抽象的かつ具体的な話題の複雑なテキストの内容を理解できる。等。

　この範囲の語彙も取り込めば、日本のイタリア語学習者にとっての有効な入口となり、さらには上を目指す人たちの土台にもなり得ると思います。本書が、単なる単語の暗記にとどまらず、覚えたものをしっかり使いこなす、実践力養成の一助となれば幸いです。末尾になりますが、ご校閲いただいたフランチェスカ・ミッショ先生には大変お世話になりました。より適切で実践的な語句や用例をご教示いただくなど、数々の貴重なアドバイスをいただきましたことに、この場を借りて深く感謝を申し上げます。また、常に私の仕事を信頼していただき、熟練のサポートで本書を完成へと導いてくださった三修社の菊池暁さんに心からの御礼を申し上げます。

2023 年 10 月

京藤好男

本書の構成と使い方

　本書は語彙を蓄積しつつ、その〈運用能力＝実践力〉を鍛えることを目指しています。最初は１つ１つの単語から始め、徐々に関連語を増やし、さらには文脈やシチュエーションの中での使い方へと移行します。また、内容が単調にならぬよう、選択肢から選ぶパターンの問題、イラストを使いビジュアル的に覚えるパターンの練習、あるいは文章題など、バリエーションも豊富です。このようにさまざまな角度からイタリア語のボキャブラリーに触れることで、従来の「単語集」では学べない、言葉の感覚やニュアンスまでも身につけられるように工夫されています。

【全体の構成】

　まず本編は、10 の課（Capitolo）に分けられています。それぞれ「仕事」「家」「衣服」「料理」などのテーマ別にまとめられており、基本単語のみならず、関連する語彙や表現をまとめて学べるようになっています。

　さらには、最近の新しい語彙や専門性の高い単語も取り入れるために、巻末の付録の課として〈レベルアップ語彙力トレーニング〉を設けています。このように１〜10課の基礎語彙に加え、付録の特殊語彙も合わせて身につけることで、日常会話レベルの身近な話題を扱う場面でも、仕事や教育のレベルで要求される高度なやり取りにおいても、柔軟に対応することができます。

【各課の構成】

　課ごとの冒頭には〈覚えておきたい基本の単語〉と、必要に応じて〈語彙力アップの基本情報〉という２種類のリストが配置されています。それを踏まえて練習問題に進むと、〈基礎トレーニング編〉と〈応用トレーニング編〉に分割されて、基本の練習から応用問題まで、多彩な練習に取り組めるようになっています。こうしたステップアップ式の問題を通じて、語彙力はより一層強固に鍛えられます。

覚えておきたい基本の単語（基本の表現）

　各課のねらいは、語彙を増やしつつ、その運用力を高めることにあります。単語をたくさん覚えても、実用性が低くては意味がありません。基本の単語リストには、運用の前提として〈蓄積＝記憶〉しておくべきベースとなる単語を集めています。いわば、〈課のテーマやレベル〉を確認するため項目です。各課に与えられたテーマについて、読み、書き、話し、理解するための、基礎チェックのためのガイドラインだと考えてください。なお、巻末にはアルファベット順に単語を並び替えたインデックスを掲載しています。

語彙力アップの基本情報

　単語は、言わば「部分」です。つねに日常の、ある文脈や状況に取り込まれ、全体を構成する1つの要素となって働くものです。したがって、それが使われる可能性のある表現形式を覚えておくことは有効であり不可欠です。本項には、基本リストに並ぶ単語を用いるのに便利なフレーズや言い回しが並んでいます。部分的に覚えた要素を、全体の流れの中でどう解釈し、また表現するかという広い視点を、ここで養ってもらえればと思います。

基本トレーニング

　語彙力の増加・強化には、もちろん単語の暗記が欠かせません。まずは先の〈覚えておきたい基本の単語〉でイタリア語→日本語、日本語→イタリア語の変換を繰り返し行いましょう。ある程度定着したところで、この〈基本トレーニング〉に進んでみてください。シンプルですが、空欄を埋めたり、イラストと単語を照らし合わせたりする練習を通して語彙の定着を確認することができます。ただし、ここではリストの単語を網羅しているわけではありません。ランダムに、重要なものを40〜50個ほどピックアップしています。まずは基礎力の確認として使ってみてください。慣れてきたら、自分でも同じように空欄問題を作り、他の単語でもやってみるといいでしょう。これらの練習を繰り返すことが、次のステップにつながります。

応用トレーニング

　〈基本トレーニング〉を通して、主に単語レベルでの語彙力強化を図ってきました。次のステップとして、未知の単語を調べたり、文章問題を解いたりすることで、能動的な学びを促します。例えば、名詞は形容詞や前置詞句と結びついて、より具体的なものを表現することになるし、あるいは文中に入ると、主語になったり、目的語になったりして、1つの表現の重要なパーツとなることを実感できると思います。そうすることで関連する語彙を数珠つなぎ式に増加させ、さらには実践力、応用力へと結びつけていくことができます。

　なお、本項の応用トレーニングの出題の中には、〈覚えておきたい基本の単語〉に掲載されていない単語や語句も含まれます。その場合はご自分で辞書などを使い、調べていただく必要があります。出版された辞書をお持ちでない方は、インターネット上の無料オンライン辞書でも、本項の問題を解決するには役立つかと思います。新たな語彙の増強のために工夫してみてください。

※これら項目の配置や内容は、課によって異なります。またレベルアップするごとに
　必要のない項目は省かれることもあります。

目次

Capitolo 1

Fare conoscenza
(nome, cognome, nazionalità, saluti, ecc.)
知り合うために
（名前・名字・国籍・あいさつ表現など）

　まずは以下のリストから自分の語彙力をチェックしましょう。未知の語彙があればチェックをして、くり返し覚えてみてください。

覚えておきたい基本の単語　　　　　◀)) 01

□ **nome**	名前、ファーストネーム
□ **cognome**	名字、ファミリーネーム
□ **nome di battesimo**	洗礼名
□ **signore**	男性／（敬称として）〜さん（名字の前では signor と短縮される）
□ **signora**	（既婚女性）奥さん／（敬称として）〜さん、〜夫人
□ **signorina**	（未婚女性）お嬢さん／（敬称として）〜さん
□ **maschio**	男
□ **maschile**	男性の
□ **femmina**	女
□ **femminile**	女性の

覚えておきたい基本の表現　🔊02

☐ **Buongiorno.**	おはようございます。／こんにちは。
☐ **Buonasera.**	こんばんは。
☐ **Ciao.**	やあ。／こんにちは。／こんばんは。
	：じゃあね。／バイバイ。
☐ **Salve.**	やあ。／こんにちは。／こんばんは。
☐ **Piacere.**	はじめまして。／よろしく。
☐ **Arrivederci.**	さようなら。
☐ **ArrivederLa.**	さようなら。（より敬語的な表現）
☐ **Buona giornata.**	ごきげんよう。（直訳：よい一日を）
☐ **Buona serata.**	ごきげんよう。（直訳：よい夕べを）
☐ **Buonanotte.**	おやすみなさい。（直訳：よい夜を）
☐ **A presto.**	またね。／近いうちに。
☐ **Ci vediamo.**	また会おう。
☐ **Ci sentiamo.**	また連絡しよう。
☐ **A dopo.**	あとでね。
☐ **A più tardi.**	あとでね。
☐ **A domani.**	明日ね。
☐ **Come stai?**	（対等の相手に）元気？
☐ **Come sta?**	（目上の方に）お元気ですか？
☐ **Come va?**	調子どう？／調子はどうですか？
	（目上の人にも使う）
☐ **Buon appetito.**	たくさん召し上がれ。（直訳：よい食欲を）
☐ **Buon viaggio.**	旅行を楽しんでね。（直訳：よい旅行を）
☐ **Buone vacanze.**	休暇を楽しんでね。（直訳：よい休暇を）
☐ **Buon Natale.**	クリスマスおめでとう。（直訳：よいクリスマスを）
☐ **Buon anno nuovo.**	新年おめでとう。（直訳：よい新年を）
☐ **Buona Pasqua.**	復活祭おめでとう。（直訳：よい復活祭を）

語彙力アップの基本情報

◆イタリア人の姓名

・〈ファーストネーム（名前）＋ファミリーネーム（名字）〉の順で表されます。

・ファミリーネームは1語の場合と2語の場合があります。
例）Federico Fellini (Fellini が名字)
　　Vittorio De Sica (De Sica が名字)

・ファーストネームは、カトリックの聖人名に由来するものが多いです。

・男性名は［語尾-o］、女性名は［語尾-a］であることが多いのですが、［-e］や［-i］など例外的な形も見られます。多くの名前に触れ、覚える必要があります。

代表例）

男性：	Alessandro	Antonio	Andrea*	Carlo
	Casare	Daniele	Elio	Fabio
	Francesco	Giovanni	Giuseppe	Leonardo
	Luca*	Luigi	Marco	Mario
	Matteo	Nicola*	Paolo	Pietro
	Roberto	Simone	Stefano	Valentino

*[語尾-a] の男性名

女性：	Alessandra	Anna	Antonella	Agnese
	Beatrice	Carla	Chiara	Daniela
	Elena	Francesca	Giovanna	Irene
	Lucia	Maria	Paola	Roberta
	Simona	Stefania	Valentina	

◆国籍などの表し方

・国名に対応する形容詞（や名詞）は、国名の形から語尾を変えて表現します。

Italia（イタリア）— italiano　　　Spagna（スペイン）— spagnolo

Francia（フランス）— francese　　Giappone（日本）— giapponese

・特殊な例として、ドイツについては、国名と形容詞が語源的に違うものを使用します。

Germania（ドイツ）—tedesco

・イタリアの都市名には形容詞（や名詞）が存在します。世界のいくつかの主要都市にも使う例があります。

Roma　　— romano　　　Milano — milanese

Venezia — veneziano　　Parma　— parmigiano

Parigi（パリ）— parigino　Londra（ロンドン）— londinese

・国の形容詞の形に、男性単数の定冠詞を付けると「〜語」の意味になります。

il giapponese（日本語）　　l'italiano（イタリア語）

lo spagnolo（スペイン語）　l'inglese（英語）

ここまでの語彙が身についたら、［練習コーナー］へ進みましょう。

語彙力アップの練習コーナー

以下の練習問題を通して、さらに語彙を増やしていきましょう。

【基本トレーニング編】

まずはじっくり基本の語彙を定着させましょう！

練習1

　覚えた単語を確認してみましょう。左と右の意味が合うように、(1)～(10)の空欄に、イタリア語あるいは日本語の語彙を書き入れましょう。（→解答はp.157）

(1) femmina　　　　　—　_____

(2) _____　—　名前

(3) _____　—　敬称（男性）

(4) Buonasera　　　　—　_____

(5) _____　—　おやすみなさい

(6) maschio　　　　　—　_____

(7) cognome　　　　　—　_____

(8) _____　—　はじめまして

(9) Arrivederci　　　　—　_____

(10) _____　—　敬称（未婚女性）

練習2

　覚えた単語を確認してみましょう。左と右の意味が合うように、(1)～(10)の空欄に、イタリア語あるいは日本語の語彙を書き入れましょう。（→p.157）

(1) Come sta?　　　　—　_____

(2) _____ — また会おう

(3) _____ — たくさん召し上がれ

(4) maschile — _____

(5) A dopo. — _____

(6) _____ — 近いうちに、またね

(7) _____ — 女性の

(8) Buon Natale. — _____

(9) _____ — 元気？（親しい挨拶として）

(10) Buon viaggio. — _____

練習3

　イタリア人の名前についての練習です。選択肢の中から、名前（ファーストネーム）と名字（ファミリーネーム）を別々に分けましょう。（→ p.157）

Moretti	Colombo	Davide	Costa
Andrea	Lorena	Giovanni	De Mauro
Gentile	Simone	Irene	Rossi

Nome 名前

Cognome 名字

練習 4

選択肢の名前（ファーストネーム）の中から、男性の名前と女性の名前を別々に分けましょう。（→p.157）

Mattia	Beatrice	Luigi	Alessia
Michele	Andrea	Lucia	Adele
Nicola	Davide	Daniele	Olga
Luca	Nanni	Teresa	Irene

Maschio 男性

Femmina 女性

練習 5

あいさつ言葉の "Ciao, ..." は、親しい間柄の人（ファーストネームで呼び合う）に用いるものです。下の選択肢から、Ciaoとともに用いるのにふさわしい名前を3つ選び、あいさつ表現を完成させましょう。（→p.157）

Esposito	Conte	Matteo	De Luca	Cesare	Agnese

(1) Ciao, _____!

⑵ Ciao, ＿＿＿＿＿＿＿＿＿!

⑶ Ciao, ＿＿＿＿＿＿＿＿＿!

練習6

　あいさつ言葉の "Buongiorno, ..." 「こんにちは」は丁寧な表現であり、初対面の人や目上の人にも用いることができます。その際、相手に呼びかけるには〈敬称＋名字〉の形にするのが適切です。イタリア語の敬称の使い方は一般に次の通りです。

男性（既婚、未婚）： signor ＋ 名字
既婚女性　　　　　： signora ＋ 名字
未婚女性　　　　　： signorina ＋ 名字

　これを踏まえ、次の4人の人物（フルネームが書かれてる）に対し「こんにちは、〜さん」というあいさつ表現を作ってみましょう。（→p.157）

Salvatore Esposito（未婚）　　　Alice Costa（既婚）

Ilaria Conte（未婚）　　　Andrea De Luca（既婚）

⑴ Buongiorno, signorina ＿＿＿＿＿＿＿＿＿.

⑵ Buongiorno, signor ＿＿＿＿＿＿＿＿＿.

⑶ Buongiorno, signor ＿＿＿＿＿＿＿＿＿.

⑷ Buongiorno, signora ＿＿＿＿＿＿＿＿＿.

【応用トレーニング編】

レベルアップした新出語彙も自分で調べましょう！

練習 1

　例のように、イタリアの都市の名称に対応する形容詞を、選択肢から選んで入れましょう。必要のない形も含まれるので、自分で判断しましょう。(→p.158)

　　例）Elisa è di Firenze, è <u>fiorentina</u>.

　　　　エリーザはフィレンツェ出身です。彼女はフィレンツェ人です。

palermitano	parmigiano	napoletana	veneziana
~~fiorentina~~	cagliaritano	torinese	genovese
vicentino	triestino		

　(1) Giulio è di Palermo, è _____.

　(2) Nicola è di Torino, è _____.

　(3) Marianna è di Napoli, è _____.

　(4) Luigi è di Cagliari, è _____.

　(5) Lucia è di Venezia, è _____.

　(6) Marco è di Vicenza, è _____.

練習 2

　下線部の意味に対応する形容詞を、選択肢から選び、言い換えましょう。(→p.158)

　　例）Il mio amico Igor è <u>di Mosca</u>. ［moscovita］

　　　　私の友達のイゴールはモスクワ出身です。［モスクワ人, モスクワの］

londinese	parigina	~~moscovita~~
viennese	i madrileni	newyorkese

(1) Adoro l'atmosfera <u>di Parigi.</u> [   ]

(2) Ho fatto scalo all'aeroporto <u>di Londra</u> di Heathrow. [   ]

(3) Adoro ballare il walzer <u>di Vienna!</u> [   ]

(4) Robert è proprio il tipico <u>abitante di New York.</u> [   ]

(5) <u>Gli abitanti di Madrid</u> amano molto le feste. [   ]

練習3

どの国の人が、何語を話しているのか。選択肢の語句を使って、国と言語を組み合わせてみましょう。(→p.158)

il greco	il portoghese	il romeno	il polacco
l'inglese	il danese	lo svedese	lo spagnolo
il russo	il tedesco		

	国名	言語名
(1)	Brasile	
(2)	Messico	
(3)	Grecia	
(4)	Polonia	
(5)	Austria	
(6)	Russia	
(7)	Australia	
(8)	Svezia	
(9)	Romania	
(10)	Danimarca	

練習4

留学生窓口での会話が成立するように、下の選択肢から適切な単語を入れましょう。ただし、選択肢には必要ない語句も含まれるので、自分で判断しましょう。(→p.159)

19

fiscale	cognome	arrivederLa	telefonico
documento	ci sentiamo	lingue	indirizzo
nome	buona serata		

Impiegata（職員）：Buongiorno, il Suo (1)＿＿＿＿＿＿＿＿＿, per favore.

Ragazza（女の子）：Mi chiamo Mara Cutrino.

Impiegata：Scusi, non ho capito il (2)＿＿＿＿＿＿＿＿.

Ragazza：　Cutrino.

Impiegata：Cu-tri-no. E di dov'è?

Ragazza：　Sono brasiliana, di Rio de Janeiro.

Impiegata：Che (3)＿＿＿＿＿＿＿ parla?

Ragazza：　Il portoghese, l'inglese e l'italiano. I miei nonni sono italiani.

Impiegata：Ah, ho capito. E il Suo (4)＿＿＿＿＿＿＿?

Ragazza：　Abito in via Giotto 23.

Impiegata：Mi dà anche un recapito (5)＿＿＿＿＿＿＿?

Ragazza：　0991- 896754

Impiegata：Bene, grazie, è tutto!

Ragazza：　Grazie a Lei, (6)＿＿＿＿＿＿＿.

練習 5

冒頭の単語に対応する同義語を(a)〜(c)から選びましょう。(→p.159)

(1) nome　　　(a) nomina　　(b) nominativo　(c) nominale

(2) numero di telefono　(a) recapito telefonico　　(b) telefonino
　　　　　　　　　　　(c) telefono pubblico

(3) indirizzo　　(a) casa　　　(b) domicilio　　(c) abitazione

(4) nazionalità　(a) antenati　(b) cittadinanza　(c) etnia

(5) compleanno　(a) origine　(b) anniversario　(c) data di nascita

Capitolo 2

Lavoro e professioni
仕事・職業

覚えておきたい基本の単語

職業・職種 ◀》03

☐ **architetto**	建築家（囡 architetta）
☐ **astronauta**	男 囡 宇宙飛行士
☐ **attore**	男 俳優（囡 attrice）
☐ **autista**	男 囡 運転手
☐ **avvocato**	男 囡 弁護士
☐ **barista**	男 囡 バリスタ、バールの主人
☐ **calzolaio**	靴屋さん、靴職人（囡 calzolaia）
☐ **cameriere**	男 給仕、ウエイター（囡 cameriera ウエイトレス）
☐ **camionista**	男 囡 トラック運転手
☐ **cantante**	男 囡 歌手
☐ **commesso**	店員（囡 commessa）
☐ **contadino**	農民（囡 contadina）
☐ **cuoco**	コック、調理師（囡 cuoca）
☐ **dentista**	男 囡 歯医者
☐ **dottore**	医者、学士（囡 dottoressa）
☐ **farmacista**	男 囡 薬剤師
☐ **ferroviere**	男 鉄道員

☐ **finanziere**　　　　　⑨ エコノミスト（㊛ finanziera）

☐ **fioraio**　　　　　　花屋さん（㊛ fioraia）

☐ **fotografo**　　　　　写真家（㊛ fotografa）

☐ **fruttivendolo**　　　八百屋さん（㊛ fruttivendola）

☐ **gelataio**　　　　　　ジェラート職人（㊛ gelataia）

☐ **giornalaio**　　　　新聞売り（㊛ giornalaia）

☐ **giornalista**　　　　⑨㊛ 記者、ジャーナリスト

☐ **impiegato**　　　　　会社員（㊛ impiegata）

☐ **infermiere**　　　　⑨ 看護師（㊛ infermiera）

☐ **ingegnere**　　　　⑨ 技師、エンジニア

☐ **insegnante**　　　　⑨㊛ 教師

☐ **macellaio**　　　　　肉屋さん（㊛ macellaia）

☐ **meccanico**　　　　自動車整備士（㊛ meccanica）

☐ **medico**　　　　　　医者

☐ **musicista**　　　　⑨㊛ 音楽家

☐ **operaio**　　　　　工場＜建設現場＞作業員（㊛ operaia）

☐ **parrucchiere**　　　⑨ 美容師（㊛ parrucchiera）

☐ **pasticciere**　　　　⑨ ケーキ屋さん、パティシエ（㊛ pasticciera）

☐ **pescatore**　　　　⑨ 漁師（㊛ pescatrice）

☐ **pilota**　　　　　　⑨㊛ パイロット、レーサー

☐ **pittore**　　　　　　⑨ 画家（㊛ pittrice）

☐ **pizzaiolo**　　　　　ピザ職人（㊛ pizzaiola）

☐ **politico**　　　　　政治家（㊛ politica）

☐ **poliziotto / carabiniere**　　⑨ 警察官（㊛ poliziotta）；憲兵

☐ **pompiere**　　　　⑨ 消防隊員（同義：vigile del fuoco）

☐ **postino**　　　　　郵便配達員（㊛ postina）

☐ **ragioniere**　　　　⑨ 会計士（㊛ ragioniera）

☐ **regista**　　　　　⑨㊛ 演出家、映画監督

☐ **scienziato**　　　　科学者（㊛ scienziata）

☐ **scrittore**　　　　⑨ 作家（㊛ scrittrice）

☐ **scultore**　　　　⑨ 彫刻家（㊛ scultrice）

☐ **segretario**	秘書（⊕ segretaria）
☐ **stilista**	⊛ ⊕ ファッションデザイナー
☐ **studente**	⊛ 学生（⊕ studentessa）

職場・店　🔊 04

☐ **autofficina**	自動車修理工場
☐ **banca**	銀行
☐ **boutique**	⊕ ブティック（同義：negozio di abbigliamento）
☐ **cartoleria**	文房具屋
☐ **centro commerciale**	ショッピングセンター
☐ **chiosco**	キオスク
☐ **ditta**	会社、企業
☐ **edicola**	新聞雑誌販売スタンド
☐ **enoteca**	ワイン店、ワイン販売所
☐ **fabbrica**	工場
☐ **farmacia**	薬局
☐ **gioielleria**	宝石店
☐ **grande magazzino**	デパート
☐ **libreria**	本屋
☐ **mercato**	市場
☐ **ospedale**	病院
☐ **ottica**	眼鏡店
☐ **pizzeria**	ピザ屋、ピザレストラン、ピッツェリア
☐ **profumeria**	化粧品店、香水店
☐ **ristorante**	⊛ レストラン
☐ **scuola**	学校
☐ **supermercato**	スーパーマーケット
☐ **tabaccheria**	タバコ屋
☐ **teatro**	劇場
☐ **ufficio**	オフィス、会社

覚えておきたい基本の表現　🔊05

☐ **Che lavoro fai?**	何の仕事をしているの？
☐ **Che lavoro fa?**	何のお仕事をしていますか？（敬語）
☐ **Sono impiegata.**	私は会社員（女）です。
☐ **Lavoro in una ditta a Milano.**	ミラノの企業に勤めています。
☐ **Faccio l'insegnante.**	教師をしています。
☐ **Insegno matematica.**	数学を教えています。

語彙力アップの基本情報

◆職業名の男女の区別

・主に語尾変化によって男女を表します。まずは代表的な区別のパターン
　を覚えておくといいでしょう。

　　① 男性［語尾-o］、女性［語尾-a］　　　　　impiegato – impiegata
　　② 男性［語尾-ere］、女性［語尾-era］　　　cameriere — cameriera
　　③ 男性［語尾-tore］、女性［語尾-trice］　　pittore – pittrice
　　④ 男性［語尾-e］、女性［語尾-essa］　　　　dottore – dottoressa

・「（〜する）人」「〜家」「〜師」などを表す語尾［-ista］や［-ante / -ente］
　の場合には、男女同形となります。必要なときは、冠詞によって区別を
　します。

　　Ho un appuntamento con il dentista.

　　歯医者さん（男）の予約があります。

　　Faccio la giornalista.

　　私は記者（女）をしています。

・自己紹介の場面で「私は〜です」と表現するとき、次の違いがあります。

　　① essere を用いるとき、無冠詞で表す。

　　Sono cuoco.　　　　　私はコックです。

　　② fare を用いるとき、定冠詞を付けて表す。

　　Faccio il cameriere.　私はウエイターをしています。

　ここまでの語彙が身についたら、［練習コーナー］へ進みましょう。

語彙力アップの練習コーナー

練習1

　覚えた単語を確認してみましょう。左と右の意味が合うように、(1)～(20)の空欄に、イタリア語あるいは日本語の語彙を書き入れましょう。(→p.160)

(1) ＿＿＿＿＿＿＿＿＿＿＿＿＿＿　—　ウエイター

(2) cuoco　—　＿＿＿＿＿＿＿＿＿＿＿＿＿

(3) insegnante　—　＿＿＿＿＿＿＿＿＿＿＿＿＿

(4) ＿＿＿＿＿＿＿＿＿＿＿＿＿＿　—　警察官

(5) ＿＿＿＿＿＿＿＿＿＿＿＿＿＿　—　学生（男）

(6) macellaio　—　＿＿＿＿＿＿＿＿＿＿＿＿＿

(7) medico　—　＿＿＿＿＿＿＿＿＿＿＿＿＿

(8) ＿＿＿＿＿＿＿＿＿＿＿＿　—　薬剤師

(9) ＿＿＿＿＿＿＿＿＿＿＿＿　—　建築家（男）

(10) avvocato　—　＿＿＿＿＿＿＿＿＿＿＿＿＿

(11) ＿＿＿＿＿＿＿＿＿＿＿＿　—　歯医者

(12) giornalista　—　＿＿＿＿＿＿＿＿＿＿＿＿＿

(13) ＿＿＿＿＿＿＿＿＿＿＿＿　—　看護師（女）

(14) impiegato　—　＿＿＿＿＿＿＿＿＿＿＿＿＿

(15) cantante　—　＿＿＿＿＿＿＿＿＿＿＿＿＿

(16) ＿＿＿＿＿＿＿＿＿＿＿＿　—　俳優（女）

(17) pasticciere　—　＿＿＿＿＿＿＿＿＿＿＿＿＿

(18) ＿＿＿＿＿＿＿＿＿＿＿＿＿＿　—　ファッションデザイナー

⒆ scrittore   — _____

⒇ _____ — 演出家、映画監督

練習 2

覚えた単語を確認してみましょう。左と右の意味が合うように、(1)〜⒇
の空欄に、イタリア語あるいは日本語の語彙を書き入れましょう。(→p.160)

(1) _____ — 本屋

(2) _____ — 市場

(3) banca — _____

(4) farmacia — _____

(5) ospedale — _____

(6) _____ — レストラン

(7) _____ — オフィス、会社

(8) ditta — _____

(9) _____ — 学校

(10) _____ — 工場

(11) teatro — _____

(12) _____ — 新聞雑誌販売スタンド

(13) supermercato — _____

(14) grande magazzino — _____

(15) _____ — 化粧品店、香水店

(16) _____ — ピザ屋

(17) centro commerciale — _____

(18) enoteca — _____

(19) _____ — 自動車修理工場

(20) _____ — 文房具屋

練習3

　次の職業名を選択肢から選んで書き入れましょう。ただし、選択肢には必要のない語句も含まれているので、自分で判断しましょう。（→p.160）

avvocato	poliziotto	insegnante	studentessa
farmacista	postino	ingegnere	cuoco
meccanico	architetto	pescatore	studente

(1) コック、調理師　　　_____

(2) 郵便配達員　　　　　_____

(3) 漁師　　　　　　　　_____

(4) 教師　　　　　　　　_____

(5) 女子学生　　　　　　_____

(6) 警官　　　　　　　　_____

(7) 薬剤師　　　　　　　_____

(8) 自動車整備士　　　　_____

練習4

　次のものを作ったり、売ったりする職業（人）を「基本の単語リスト」から見つけ出し、「男性形」を書き入れましょう。（→p.160）

(1) pizza　　　　　　　_____

(2) fiore　　　　　　　_____

(3) gelato　　　　　　　_____

(4) quadro　　　　　　　_____

(5) romanzo　　　　　　_____

(6) carne　　　　　　　_____

(7) dolce　　　　　　　_____

(8) edificio　　　　　　_____

(9) abito da sera ＿＿＿＿＿＿＿＿＿＿＿＿＿＿

(10) cappuccino ＿＿＿＿＿＿＿＿＿＿＿＿＿＿

(11) scarpe ＿＿＿＿＿＿＿＿＿＿＿＿＿＿

(12) film ＿＿＿＿＿＿＿＿＿＿＿＿＿＿

【応用トレーニング編】

練習 1

冒頭の職業に、最も関連のある単語を(a)〜(c)から選びましょう。(→p.161)

(1) medico	(a) ospedale	(b) chiesa	(c) negozio
(2) macellaio	(a) frutta	(b) formaggio	(c) carne
(3) parrucchiere	(a) cappello	(b) capelli	(c) canzone
(4) fotografo	(a) camera	(b) bagno	(c) studio
(5) scrittore	(a) esame	(b) novella	(c) testamento
(6) pilota	(a) aeroplano	(b) cavallo	(c) ascensore
(7) barista	(a) medicina	(b) scarpe	(c) caffè
(8) contadino	(a) zappa	(b) chitarra	(c) partitura

練習 2

文中の語句をヒントに、まず［　］に入るべき職業名を書き入れましょう。さらに、文を完成するために適切な動詞を、選択肢から選んで、下線部に書き入れましょう。(→p.161)

1）sta per 〜「〜しようとしている」という意味。「〜」には動詞の原形が入る。

2）文中のilやlaなどは定冠詞「その〜」。

arrestare	insegnare	cucinare	andare
fare	riparare	portare	preparare

(1) Il [   ] sta per _____ la carne.

(2) La [   ] sta per _____ la medicina.

(3) Il [   ] sta per _____ il ladro.

(4) Il [   ] sta per _____ le lettere.

(5) Il [   ] sta per _____ la macchina.

(6) Il [   ] sta per _____ al mare.

(7) L' [   ] sta per _____ la matematica.

(8) La [   ] sta per _____ i compiti.

練習 3

冒頭の動詞に、最も関連のある職業を(a)～(c)から選びましょう。(→p.162)

(1) recitare   (a) fotografo   (b) attore   (c) bancario

(2) creare   (a) artista   (b) dentista   (c) segretario

(3) costruire (a) infermiere   (b) architetto   (c) interprete

(4) viaggiare (a) guida turistica (b) controllore di volo (c) arbitro

(5) coltivare (a) scrittore   (b) scultore   (c) contadino

(6) suonare   (a) musicista   (b) cronista   (c) dentista

(7) scrivere   (a) giornalista   (b) cacciatore   (c) navigatore

(8) parlare   (a) ballerino   (b) doppiatore   (c) monaco

練習 4

次の職業名を男性と女性の形で分けて書き入れましょう。男女いずれか
の形があらかじめ入っているので、空欄の方を埋めてください。(→p.162)

	男	女
会社員	[ ]	[impiegata]
店員	[commesso]	[ ]
料理人、コック	[cuoco]	[ ]
年金受給者	[ ]	[pensionata]

秘書	[segretario]	[ ]
給仕	[ ]	[cameriera]
看護師	[infermiere]	[ ]
美容師	[ ]	[parrucchiera]
教師	[ ]	[insegnante]
画家	[pittore]	[ ]
俳優	[ ]	[attrice]
音楽家	[ ]	[musicista]
バールの主人	[barista]	[ ]

練習5

冒頭の職業に、最も関わりのある動詞を(a)～(c)から選んでみましょう。
(→p.162)

(1) medico　　(a) riparare　　(b) lavare　　(c) curare

(2) cantante　　(a) cantare　　(b) suonare　　(c) comporre

(3) poliziotto　　(a) indagare　　(b) uccidere　　(c) contare

(4) casalinga　　(a) fare un viaggio　　(b) fare il bucato　　(c) fare le ore piccole

(5) autista　　(a) guidare　　(b) scivolare　　(c) sciare

(6) panettiere　　(a) sbucciare　　(b) bollire　　(c) cuocere

(7) giornalista　　(a) gridare　　(b) intervistare　　(c) picchiare

(8) ingegnere　　(a) riparare　　(b) restare　　(c) massaggiare

練習6

　絵に合うように、職業人の行動を表す表現を(a)　〜(g)から選んで文を完成させましょう。ただし、選択肢にはどれにも当てはまらない表現もあるので自分で判断してください。(→p.163)

(1) Il meccanico [　　　　　]. (2) Il chirurgo [　　　　　].

(3) Il pompiere [　　　　　]. (4) La parrucchiera [　　　　　].

(a) sta per estinguere un incendio

(b) sta per preparare una torta

(c) sta per cominciare la lezione

(d) sta per fare un'operazione

(e) sta per controllare il motore

(f) sta per curare un dente

(g) sta per fare una messa in piega

練習 7

その人の職業と職場が一致するように、選択肢から適切な職場を選んで下線部に書き入れましょう。必要のないものも含まれているので、自分で判断しましょう。(→p.163)

ristorante	ospedale	scuola	farmacia
ufficio postale	casa editrice	boutique	fabbrica
enoteca	teatro	cartoleria	ditta
edicola	libreria	biblioteca	lavanderia

(1) Sono commessa. Mi interessa molto la moda. Lavoro in una ＿＿＿＿＿ a Firenze.

(2) Luisa è una brava pasticciera. Lavora in un ＿＿＿＿＿ di lusso.

(3) Faccio il giornalista. Di solito scrivo degli articoli per una ＿＿＿＿＿ a Roma.

(4) Francesca è impiegata. Lavora presso una ＿＿＿＿＿ a Milano. Praticamente è nel reparto commerciale.

(5) Faccio l'insegnante. Insegno l'inglese e lo spagnolo. Lavoro in una ＿＿＿＿＿ di lingue.

(6) Mio zio è operaio. Da giovane facera il saldatore. Adesso lavora presso una ＿＿＿＿＿ di automobili.

(7) Antonio è sommelier. Non lavora per conto d'altri. Gestisce da solo un'＿＿＿＿＿ .

Capitolo 3

La casa, le stanze e gli oggetti di casa
家・部屋・家財道具

覚えておきたい基本の単語

建物・部屋・設備の名称 　🔊06

☐ appartamento	マンション
☐ attico	屋階
☐ acquaio	流し台
☐ balcone	男 バルコニー
☐ bagno	バスルーム（トイレと浴室）
☐ bidet	男 （トイレの）ビデ
☐ casa	家
☐ camera	寝室（camera da letto とも表現する）
☐ camino	暖炉、煙突
☐ campanello	呼び鈴、ベル
☐ cantina	（地下の）ワイン貯蔵庫
☐ corridoio	廊下
☐ cucina	キッチン、台所
☐ doccia	シャワー
☐ finestra	窓
☐ garage	男 車庫、ガレージ
☐ gabinetto	便器

□ **giardino**　庭

□ **guardaroba**　㊚ クローゼット、衣装部屋

□ **ingresso**　入口、玄関

□ **lavello**　流し台

□ **lavandino**　洗面台

□ **mansarda**　屋根裏部屋、マンサード（二重勾配の屋根）

□ **monolocale**　㊚ ワンルーム

□ **palazzo**　（公共用・住居用の）大きな建物、ビル、館、宮廷

□ **persiana**　（日よけの）よろい戸、ブラインド

□ **recinzione**　㊛ 塀

□ **ringhiera**　（バルコニーなどの）欄干

□ **rubinetto**　蛇口

□ **scala**　階段

□ **seminterrato**　半地階

□ **sala**　広間、ホール（sala da pranzo ダイニングルーム）

□ **salotto**　応接間、客間

□ **soffitta**　屋根裏部屋

□ **soffitto**　天井

□ **soggiorno**　リビングルーム、居間

□ **soglia**　敷居

□ **studio**　書斎

□ **tenda**　カーテン、（商店の窓などを覆う）日よけ、テント

□ **terrazzo**　テラス

□ **tetto**　屋根

□ **trave**　㊛ 梁（はり）

□ **vasca da bagno**　浴槽

□ **villa**　別荘、邸宅

□ **veranda**　ベランダ

家財道具　　　　　　　　　　　　　　📢07

☐ accappatoio	バスローブ、ガウン
☐ armadio	洋服だんす
☐ asciugacapelli	男 ヘアドライヤー
☐ asciugamano	タオル
☐ aspirapolvere	男 掃除機
☐ attaccapanni	男 ハンガー
☐ cassetto	引き出し
☐ cestino	ごみ箱
☐ comodino	ナイトテーブル（ベッド脇の小机）
☐ coperta	掛け布団、毛布
☐ cuscino	クッション、枕
☐ divano	ソファー
☐ fornello	コンロ
☐ forno	オーブン
☐ forno a microonde	電子レンジ
☐ frigorifero	冷蔵庫
☐ lampada	電灯、照明器具
☐ lampadario	シャンデリア
☐ lavastoviglie	女 食洗機
☐ lavatrice	女 洗濯機
☐ lenzuolo	シーツ（上下のシーツの組は le lenzuola と表す）
☐ letto	ベッド
☐ libreria	書架
☐ poltrona	肘掛け付きソファー（一人用）
☐ posata	カトラリー、フォークセット
☐ cucchiaio	スプーン
☐ coltello	ナイフ
☐ forchetta	フォーク
☐ bicchiere	男 グラス

- [ ] **bottiglia**　　　ボトル
- [ ] **cavatappi**　　　㊚ コルク栓抜き
- [ ] **piatto**　　　皿
- [ ] **pianta**　　　（観葉）植物
- [ ] **scaffale**　　　㊚ 棚
- [ ] **scaldabagno**　　　自動湯沸かし器
- [ ] **scrivania**　　　書き物机
- [ ] **secchio**　　　バケツ
- [ ] **sedia**　　　椅子
- [ ] **specchio**　　　鏡
- [ ] **tappeto**　　　カーペット
- [ ] **tovaglia**　　　テーブルクロス
- [ ] **tovagliolo**　　　ナプキン
- [ ] **tavolo**　　　テーブル
- [ ] **televisore**　　　㊚ テレビ（受像機）

語彙力アップの基本情報

◆変意名詞 その1

　名詞の語尾に変化をつけることで、元の意味に何らかのニュアンスを加えることができます。それにより形と意味を変えた名詞を「変意名詞」といいます。

①縮小を表す-ino / -ina 「小さな〜」「かわいらしい〜」というニュアンスを与えます。

※縮小の接尾辞は「かわいい」といった愛情のニュアンスを含むこともあります。

cucchiaio スプーン　➡ cucchiaino　ティースプーン

collana　　首飾り　➡ collanina　　（細身の）ネックレス

②縮小を表す-lino / -lina

tavolo　　テーブル ➡ tavolino　　小テーブル

fiore　　　花　　　➡ fiorellino　　小さな（かわいい）花

③縮小を表す-cino / -cina

bastone　棒　　　➡ bastoncino　細い棒、（複数形）bastoncini 箸

camion　　トラック ➡ camioncino　小型トラック

　ここまでの語彙が身についたら、［練習コーナー］へ進みましょう。

語彙力アップの練習コーナー

【基本トレーニング編】

練習1

　覚えた単語を確認してみましょう。左と右の意味が合うように、(1)～(20)の空欄に、イタリア語あるいは日本語の語彙を書き入れましょう。(→p.164)

(1) ＿＿＿＿＿＿＿＿＿＿＿　　—　　バスルーム

(2) doccia　　　　　　　　　　—　　＿＿＿＿＿＿＿＿＿＿＿

(3) garage　　　　　　　　　　—　　＿＿＿＿＿＿＿＿＿＿＿

(4) ＿＿＿＿＿＿＿＿＿＿＿　　—　　キッチン、台所

(5) ＿＿＿＿＿＿＿＿＿＿＿　　—　　入口、玄関

(6) scala　　　　　　　　　　　—　　＿＿＿＿＿＿＿＿＿＿＿

(7) soffitto　　　　　　　　　—　　＿＿＿＿＿＿＿＿＿＿＿

(8) ＿＿＿＿＿＿＿＿＿＿＿　　—　　カーテン

(9) ＿＿＿＿＿＿＿＿＿＿＿　　—　　ワンルーム

(10) tetto　　　　　　　　　　—　　＿＿＿＿＿＿＿＿＿＿＿

(11) ＿＿＿＿＿＿＿＿＿＿＿　　—　　書斎

(12) camera　　　　　　　　　—　　＿＿＿＿＿＿＿＿＿＿＿

(13) ＿＿＿＿＿＿＿＿＿＿＿　　—　　マンション

(14) guardaroba　　　　　　　—　　＿＿＿＿＿＿＿＿＿＿＿

(15) camino　　　　　　　　　—　　＿＿＿＿＿＿＿＿＿＿＿

(16) ＿＿＿＿＿＿＿＿＿＿＿　　—　　廊下

(17) terrazzo　　　　　　　　—　　＿＿＿＿＿＿＿＿＿＿＿

(18) ＿＿＿＿＿＿＿＿＿＿＿　　—　　浴槽

(19) _____ ― よろい戸、ブラインド

(20) ringhiera ― _____

練習 2

　覚えた単語を確認してみましょう。左と右の意味が合うように、(1)～(20)
の空欄に、イタリア語あるいは日本語の語彙を書き入れましょう。(→p.164)

(1) _____ ― 窓

(2) _____ ― 洋服だんす

(3) divano ― _____

(4) forno ― _____

(5) lavatrice ― _____

(6) _____ ― 食洗機

(7) _____ ― 冷蔵庫

(8) letto ― _____

(9) _____ ― バケツ

(10) _____ ― テーブル

(11) asciugamano ― _____

(12) _____ ― 毛布

(13) sedia ― _____

(14) specchio ― _____

(15) _____ ― 肘掛け付きソファー

(16) _____ ― 掃除機

(17) fornello ― _____

(18) cestino ― _____

(19) _____ ― ヘアドライヤー

(20) _____ ― バスローブ

練習 3

　イラストの空欄(1)〜(10)に、選択肢から部屋や場所の名称を入れましょう。
(→p.165)

camera （da letto）		sala da pranzo	
studio	corridoio	cucina	soggiorno
bagno	terrazzo	giardino	cantina

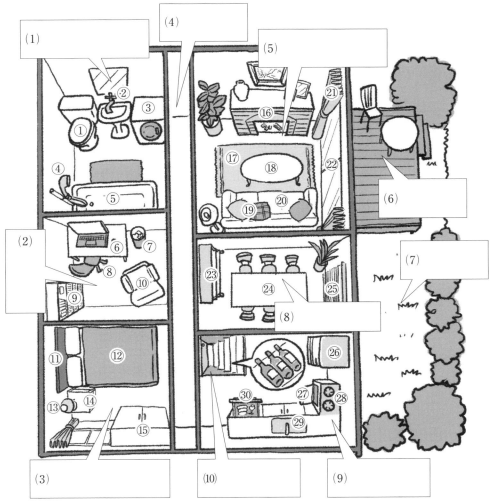

練習4

　同じく練習3のイラストから、各部屋にある物①〜㉚に当てはまる単語を選択肢から選びましょう。(→p.165)

armadio	forno	lavatrice	camino	scrivania
rubinetto	gabinetto	libreria	finestra	lavello
tavolo	doccia	cestino	sedia	divano
tavolino	tappeto	fornello	cuscino	tenda
comodino	coperta	lampada	letto	poltrona
frigorifero	lavastoviglie		persiana	scaffale
vasca da bagno				

① [　　　　　　]　② [　　　　　　]　③ [　　　　　　]

④ [　　　　　　]　⑤ [　　　　　　]　⑥ [　　　　　　]

⑦ [　　　　　　]　⑧ [　　　　　　]　⑨ [　　　　　　]

⑩ [　　　　　　]　⑪ [　　　　　　]　⑫ [　　　　　　]

⑬ [　　　　　　]　⑭ [　　　　　　]　⑮ [　　　　　　]

⑯ [　　　　　　]　⑰ [　　　　　　]　⑱ [　　　　　　]

⑲ [　　　　　　]　⑳ [　　　　　　]　㉑ [　　　　　　]

㉒ [　　　　　　]　㉓ [　　　　　　]　㉔ [　　　　　　]

㉕ [　　　　　　]　㉖ [　　　　　　]　㉗ [　　　　　　]

㉘ [　　　　　　]　㉙ [　　　　　　]　㉚ [　　　　　　]

練習5

　食卓のイラストを見て、空欄に当てはまる食器などの名称を、選択肢から入れましょう。(→p.165)

bottiglia	piatto	tovagliolo	cucchiaio
bicchiere	coltello	tovaglia	forchetta
secchio vino	cavatappi		

【応用トレーニング編】

練習1

冒頭の動詞に、最も関わりのある物を(a)～(c)から選んでみましょう。
(→p.166)

(1) lavarsi	(a) lavatrice	(b) scopa	(c) doccia
(2) asciugarsi	(a) accappatoio	(b) condizionatore	(c) ventilatore
(3) vivere	(a) monolocale	(b) garage	(c) guardaroba
(4) guardarsi	(a) spazzola	(b) specchio	(c) calendario
(5) accendere	(a) cacciavite	(b) pantofole	(c) riscaldamento
(6) rinfrescare	(a) orologio	(b) frigorifero	(c) scaldabagno
(7) pulire	(a) aspirapolvere	(b) tostapane	(c) rossetto
(8) rilassarsi	(a) ripostiglio	(b) poltrona	(c) cabina

練習 2

文意に合うように、適切な食器などの名称を入れましょう。(→ p.166)

※ uso ～「私は～を使う」という意味。

(1) Per mangiare la zuppa uso un _____ .

(2) Per mangiare la bistecca uso un _____ e una _____ .

(3) Per mangiare la pasta uso solo una _____ .

(4) Per bere del vino uso un _____ .

(5) Per aprire la bottiglia di vino uso un _____ .

(6) Per pulirmi la bocca uso un _____ .

(7) Per raffredare la bottiglia la metto nel _____ .

(8) Per tenere il tavolo pulito uso una _____ .

練習 3

次の文を完成させるために必要な動詞を選択肢から下線部に入れてください。必要のないものもあるので、自分で判断しましょう。またすでに学んだ場所や部屋の名称から、相応しいものを [ ] に入れましょう。(→ p.166)

※ Vado a ～「私は～しに行く」という意味。～には動詞の原形が来る。

annaffiare	entrare	dormire	lavarmi
preparare	rilassarmi	mettere	assaggiare
versare	controllare		

(1) Vado a _____ la pasta in [　　　　　　　　].

キッチンへパスタを作りに行く。

(2) Vado a _____ in [　　　　　　　　].

寝室へ眠りに行く。

(3) Vado a _____ il vino in [　　　　　　　　].

貯蔵庫へワインの味見に行く。

(4) Vado a ＿＿＿＿＿＿＿ le camice nell' [　　　　　　　].

シャツを洋服だんすに入れに行く。

(5) Vado a ＿＿＿＿＿＿＿ le mani in [　　　　　　].

手を洗いにバスルームへ行く。

(6) Vado a ＿＿＿＿＿＿＿ il programma per domani nello

[　　　　　　].

明日の予定を確かめに書斎へ行く。

(7) Vado a ＿＿＿＿＿＿＿ in [　　　　　　].

水をやりに庭へ行く。

(8) Vado a ＿＿＿＿＿＿＿ sul [　　　　　　].

テラスでくつろぎに行く。

練習4

イラストに合う「家事」を表す動詞の表現を、選択肢から選んで入れましょう。ただし、必要ないものもあるので、自分で判断しましょう。(→p.167)

fare il bucato	dipingere	cucire
fare le pulizie	stirare	fare i compiti
lavorare a maglia	verniciare	fare la spesa
cucinare	truccarsi	rifare il letto

(1)

(2)

(3)

＿＿＿＿＿＿＿　＿＿＿＿＿＿＿　＿＿＿＿＿＿＿

(4)

(5)

(6)

＿＿＿＿＿＿＿　＿＿＿＿＿＿＿　＿＿＿＿＿＿＿

(7)  (8)

_____   _____

練習 5

(1)~(6)の慣用表現が完成するように、空欄に入る単語を選択肢から選んで書き入れましょう。(→p.167)

armadio	cassetto	tavola
coltello	luce	finestra

(1) Sulle sponde del lago c'è una nebbia che si taglia col _____.

ヒント：深く濃い様子

(2) Emilia non fa altro che buttare soldi dalla _____.

ヒント：金遣いが荒い様子

(3) Luigi ci ha messo più di cinque anni per comporre il suo libro. E oggi finalmente la sua opera è venuta alla _____.

ヒント：出版が実現した様子

(4) Silvia non viene più a cena da noi. Secondo me ha uno scheletro nell'_____.

ヒント：隠し事がある様子

(5) Ritengo che su questioni di tale importanza dovremmo tutti mettere le carte in _____.

ヒント：隠し立てしない様子

(6) Sin da bambina il mio sogno nel _____ è stato quello di diventare una pianista.

ヒント：大切にしている様子

Capitolo 4

La città, le vie e mezzi di trasporto
町・通り・移動手段

覚えておきたい基本の単語

町にあるものの名称 ◀))08

☐ basilica	聖堂
☐ castello	城（名前の前では Castel Vecchio のように語尾が短縮される）
☐ centro storico	歴史的中心街
☐ chiesa	教会
☐ comune	男 市役所、町役場
☐ duomo	ドゥオーモ、大聖堂
☐ fontana	噴水、泉
☐ galleria	アーケード、アーケード下の商店街；（「トンネル」の意味もある）、美術館
☐ giardino	庭園
☐ lampione	男 街灯
☐ monumento	モニュメント
☐ museo	博物館、美術館
☐ palazzo	大きな建物、宮殿
☐ parco	公園
☐ piazza	広場

47

☐ **ponte**	男 橋	
☐ **salita / discesa**	（上り／下り）坂	
☐ **statua**	像	
☐ **strada**	道路	
☐ **strisce pedonali**	複 横断歩道	
☐ **tabaccheria**	タバコ屋（通称Tabacchi。切手、切符、塩など専売品を扱う雑貨店にもなっている）	
☐ **teatro**	劇場	
☐ **ufficio informazioni**	案内所	
☐ **via**	通り	
☐ **viale**	男 並木道、大通り、街路	

交通関係の名称　◀))09

☐ **aereo**	飛行機（aeroplanoも同義）
☐ **aeroporto**	空港
☐ **andata e ritorno**	往復
☐ **angolo**	角
☐ **autobus**	男 バス
☐ **autogrill**	男 サービスエリア
☐ **automobile**	女 自動車（autoと短縮しても用いられる）
☐ **autostrada**	高速道路
☐ **bicicletta**	自転車
☐ **biglietteria**	切符売り場
☐ **biglietto**	切符
☐ **camion**	男 トラック
☐ **capotreno**	車掌
☐ **cintura di sicurezza**	シートベルト
☐ **controllore**	男 検札係
☐ **corridoio**	通路
☐ **corsia**	車線、レーン

☐ **corso**　大通り

☐ **dogana**　税関

☐ **distributore di benzina**　ガソリンスタンド（男 distributore）

☐ **elicottero**　ヘリコプター

☐ **fermata**　停留所

☐ **finestrino**　車窓

☐ **funicolare**　女 ケーブルカー

☐ **incrocio**　交差点、十字路

☐ **macchina**　車

☐ **marciapiede**　男 歩道

☐ **metropolitana**　地下鉄（metroと短縮しても用いられる）

☐ **motocicletta**　バイク

☐ **nave**　女 船

☐ **parcheggio**　駐車場（divieto di sosta 駐車禁止）

☐ **parchimetro**　パーキングメーター

☐ **passeggero**　乗客

☐ **patente di guida**　運転免許（女 patente）

☐ **porto**　港

☐ **pullman**　男 送迎バス、長距離バス

☐ **segnale stradale**　男 道路標識

☐ **semaforo**　信号

☐ **senso unico**　一方通行

☐ **stazione**　女 駅

☐ **stazione marittima**　（船乗り場としての）海港

☐ **tangenziale**　女 環状道路

☐ **taxi**　男 タクシー

☐ **traffico / coda**　渋滞

☐ **tram**　男 トラム、路面電車

☐ **treno**　電車

覚えておきたい基本の表現

道の尋ね方　　◀)) 10

□ **Per andare a/in ～?**　　～へ行くには？
□ **Dov'è ～?**　　～はどこですか？
□ **Vorrei andare a/in ～.**　　～へ行きたいのですが。
□ **Dove si trova ～?**　　～はどこにありますか？
□ **C'è ～ qui vicino?**　　この辺に～はありますか？
□ **Come si va（a/in～）?**　　（～へは）どうやって行けますか？

答え方　※動詞は原形の状態　　◀)) 11

□ **andare dritto**　　まっすぐに行く
□ **girare a destra / sinistra**　　右／左に曲がる
□ **lì**（または **là**）　　あちら、向こう
□ **qui**（または **qua**）　　こちら、ここ
□ **vicino / lontano**　　近く／遠く
□ **dietro**　　後ろ、うら
□ **davanti / di fronte**　　前に、正面に
□ **la prima（via）**　　最初の道、1本目
□ **la seconda（via）**　　二番目の道、2本目
□ **in fondo**　　突き当たり
□ **attraversare**　　～を渡る、横切る

ここまでの語彙が身についたら、［練習コーナー］へ進みましょう。

語彙力アップの練習コーナー

【基本トレーニング編】

練習1

　覚えた単語を確認してみましょう。左と右の意味が合うように、(1)〜(20)の空欄に、イタリア語あるいは日本語の語彙を書き入れましょう。(→p.168)

(1) piazza ― _____

(2) _____ ― 博物館、美術館

(3) _____ ― 公園

(4) fontana ― _____

(5) chiesa ― _____

(6) _____ ― 道路

(7) ufficio informazioni ― _____

(8) castello ― _____

(9) _____ ― 橋

(10) basilica ― _____

(11) _____ ― 街灯

(12) strisce pedonali ― _____

(13) _____ ― 自転車

(14) _____ ― 劇場

(15) metropolitana ― _____

(16) autobus ― _____

(17) _____ ― 船

(18) autostrada ― _____

(19) _____ ― 乗客

(20) _____ ― 電車

練習2

　覚えた単語を確認してみましょう。左と右の意味が合うように、(1)～(20)
の空欄に、イタリア語あるいは日本語の語彙を書き入れましょう。(→p.168)

(1) _____ ― 駅

(2) _____ ― 港

(3) _____ ― 空港

(4) biglietteria ― _____

(5) dogana ― _____

(6) _____ ― 停留所

(7) _____ ― ヘリコプター

(8) incrocio ― _____

(9) _____ ― 信号機

(10) marciapiede ― _____

(11) parcheggio ― _____

(12) segnale stradale ― _____

(13) patente di guida ― _____

(14) senso unico ― _____

(15) _____ ― 往復

(16) _____ ― （街中の）角

(17) via ― _____

(18) cintura di sicurezza ― _____

(19) _____ ― 環状道路

(20) tabaccheria ― _____

練習3

次の絵の空欄に、選択肢から大通りにあるものの名称を入れましょう。
（→p.168)

incrocio	fermata dell'autobus	semaforo
corsia	marciapiede	parchimetro
segnale stradale	strisce pedonali	

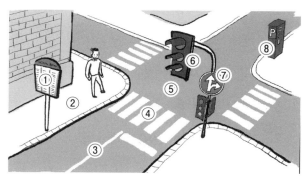

① [   ]   ② [   ]   ③ [   ]

④ [   ]   ⑤ [   ]   ⑥ [   ]

⑦ [   ]   ⑧ [   ]

練習4

ナポリの地図を見ながら、次の場所の名前が完成するように、必要な語
句を選択肢から入れましょう。ただし、必要のない語句もあるので、自分
で判断しましょう。（→p.168)

Piazza	Fontana	Funicolare	Castel
Parco	Galleria	Basilica	Statua
Palazzo	Teatro	Duomo	Stazione
Università	Museo		

① [　　　　　　] di Napoli

② [　　　　　　] di San Lorenzo Maggiore

③ [　　　　　　] Archeologico Nazionale

④ [　　　　　　] Umberto I

⑤ [　　　　　　] Nuovo

⑥ [　　　　　　] Reale

⑦ [　　　　　　] San Carlo

⑧ [　　　　　　] di Montesanto

⑨ [　　　　　　] Centrale

⑩ [　　　　　　] Garibaldi

【応用トレーニング編】

練習1

次の表内3つの語句に関わりのある移動手段を選択肢から選んで、(1)～
(6)に書き入れましょう。ただし、必要のない語句もあるので、自分で判断
しましょう。(→p.169)

macchina	autobus	aereo	autoambulanza
metropolitana	elicottero	camion	panfilo
treno	funicolare	bicicletta	nave

(1)	carta d'imbarco – pilota – aeroporto
(2)	stazione marittima – cuccetta – marinaio
(3)	binario – vagone letto – controllore
(4)	fermata – conducente – corsia preferenziale
(5)	cintura di sicurezza – patente di guida – parcheggio
(6)	pronto soccorso – sirena – infermiere

練習2

冒頭の動詞(1)~(8)に、最も関わりのある物(者)を(a)～(c)から選んでみ
ましょう。(→p.169)

(1) pedalare	(a) pullman	(b) bicicletta	(c) motocicletta
(2) chiamare	(a) tram	(b) elicottero	(c) taxi
(3) navigare	(a) metro	(b) nave	(c) carrozza
(4) guidare	(a) camion	(b) gondola	(c) razzo
(5) convalidare	(a) biglietto	(b) passaporto	(c) patente di guida
(6) cambiare	(a) volante	(b) benzina	(c) treno
(7) infrangere	(a) controllore	(b) pilota	(c) capitano
(8) volare	(a) vaporetto	(b) aereo	(c) funicolare

練習3

　次の地図をもとに、(1)～(5)の質問に対する的確な答えとなるよう、選択
肢から適切な語句を選んで入れましょう。ただし、必要のない語句もある
ので、自分で判断しましょう。(→p.170)

Porto	Banca	Museo	Parco	Torre
Statua	Fermata	Ponte	Stazione	

(1) Dov'è la chiesa di San Giorgio?

　— È in Piazza Dante, davanti alla ＿＿＿＿＿＿＿＿ di Dante.

(2) Vorrei andare alla Biblioteca Nazionale.

　— Lei attraversa il ＿＿＿＿＿＿＿＿ Nuovo e va sempre diritto. È
lì in fondo.

(3) Dove si trova l'Hotel Beatrice?

  — È proprio vicino alla Biblioteca, dietro il _____ Civico.

(4) C'è un ufficio informazioni qui vicino?

  — Sì, ce n'è uno in Piazza Dante. È accanto alla _____ Popolare.

(5) Come si va al Teatro Virgilio?

  — È vicino alla Piazza Dante, di fronte al _____ Archeologico.

Capitolo 5

Descrizione fisica di una persona, la famiglia e i parenti
身体・家族・親族

覚えておきたい基本の単語

身体部位など　　　　　　　　　　　　　　◀)) 12

☐ **baffi**　　　　　　　㉿ 口ひげ

☐ **barba**　　　　　　　あごひげ

☐ **bocca**　　　　　　　口

☐ **braccio**　　　　　　腕（複数形* le braccia）

　　　　　　　　　　　＊人体の部位の名称には、このように単数形と複数形で
　　　　　　　　　　　　性の異なるものがあります。以下、注意の必要なもの
　　　　　　　　　　　　には、複数形も掲載します。

☐ **capello**　　　　　　髪

☐ **caviglia**　　　　　　足首、くるぶし

☐ **ciglio**　　　　　　　まつ毛（複数形 le ciglia）

☐ **collo**　　　　　　　首

☐ **coscia**　　　　　　　ふともも

☐ **dente**　　　　　　　㊚ 歯（複数形 i denti）

☐ **dito**　　　　　　　　指（複数形 le dita）

☐ **pollice**　　　　　　㊚ 親指

☐ **mignolo**　　　　　　小指

☐ **indice**　　　　　　　㊚ 人さし指

☐ **faccia**	顔	
☐ **fronte**	Ⓕ 額	
☐ **gamba**	脚	
☐ **ginocchio**	膝（複数形 le ginocchia）	
☐ **gola**	喉	
☐ **gomito**	肘	
☐ **guancia**	頬	
☐ **labbro**	唇（複数形 le labbra）	
☐ **lingua**	舌	
☐ **mano**	Ⓕ 手（複数形 le mani）	
☐ **naso**	鼻	
☐ **occhio**	目（複数形 gli occhi）	
☐ **orecchio**	耳（複数形 gli orecchi または le orecchie）	
☐ **palpebra**	まぶた	
☐ **pancia**	腹	
☐ **petto**	胸	
☐ **piede**	Ⓜ 足	
☐ **palma**	手のひら	
☐ **polso**	手首	
☐ **ruga**	しわ	
☐ **sangue**	Ⓜ 血	
☐ **schiena**	背中	
☐ **sedere**	Ⓜ 尻	
☐ **seno**	（特に女性の）胸、乳房	
☐ **sopracciglio**	眉毛（複数形 le sopracciglia）	
☐ **spalla**	肩（複数形 le spalle で「両肩」や「背中（上部）」を表す）	
☐ **stomaco**	胃	
☐ **sudore**	Ⓜ 汗	
☐ **tallone**	Ⓜ 踵	
☐ **testa**	頭	

□ unghia	爪
□ viso	顔（表情）、顔つき
□ volto	顔色、顔つき

家族・親族など　　　　　　　　　　🔊 13

□ bisnonna	曾祖母
□ bisnonno	曾祖父
□ cognata	義姉（妹）
□ cognato	義兄（弟）
□ coniuge	男 女 配偶者
□ cugina	いとこ（女）
□ cugino	いとこ（男）
□ fidanzata	婚約者（女）
□ fidanzato	婚約者（男）
□ figlia	娘
□ figliastra	継子（女）
□ figliastro	継子（男）
□ figlio	息子
□ fratello	兄、弟
□ fratellastro	異母（異父）兄弟
□ genero	婿（娘の夫）
□ genitore	男 女 親　（父または母のこと）
□ genitori	複 両親
□ madre	女 母
□ mamma	ママ（母への愛称）
□ marito	夫
□ moglie	女 妻
□ nipote	男 女 甥、姪、孫
□ nonna	祖母
□ nonno	祖父

☐ **nonni**	⓹ 祖父母
☐ **nuora**	嫁（息子の妻）
☐ **padre**	⓸ 父
☐ **papà**	⓸ パパ（父への愛称）
☐ **sorella**	姉、妹
☐ **sorellastra**	異母（異父）姉妹
☐ **sposa**	新婦、花嫁
☐ **sposo**	新郎、花婿
☐ **suocera**	姑^{しゅうとめ}
☐ **suocero**	舅^{しゅうと}
☐ **zia**	おば
☐ **zio**	おじ

語彙力アップの基本情報

◆痛みを訴える表現

(1) 主語 + avere mal di ～「(主語は) ～が痛い」

　例) Ho mal di testa da stamani. 私は今朝から頭痛がする。

(2) 間接目的語 (代名詞) + fare male + 主語「(主語) が痛む」

　例) Mi fa male lo stomaco.　　　胃が痛む。

◆体型・見た目の特徴などの表現

(1) 主語 + essere + 形容詞

　例) Francesco è alto.　　　　　フランチェスコは背が高い。

　　　Antonella è magra.　　　　アントネッラはやせている。

(2) 主語 + avere + 特徴を表す語 (句)

　例) Il signore Verdi ha la barba.

　　　ヴェルディさんはひげをたくわえている。

　　　Chiara ha i capelli biondi.

　　　キアーラは金髪である。

ここまでの語彙が身についたら、[練習コーナー] へ進みましょう。

62

語彙力アップの練習コーナー

【基本トレーニング編】

練習1

　覚えた単語を確認してみましょう。左と右の意味が合うように、(1)〜(20)の空欄に、イタリア語あるいは日本語の語彙を書き入れましょう。(→p.170)

(1) ＿＿＿＿＿＿＿＿＿＿　—　首

(2) ＿＿＿＿＿＿＿＿＿＿　—　鼻

(3) ＿＿＿＿＿＿＿＿＿＿　—　頭

(4) occhio　—　＿＿＿＿＿＿＿＿＿＿

(5) faccia　—　＿＿＿＿＿＿＿＿＿＿

(6) ＿＿＿＿＿＿＿＿＿＿　—　喉

(7) ＿＿＿＿＿＿＿＿＿＿　—　舌

(8) mano　—　＿＿＿＿＿＿＿＿＿＿

(9) unghia　—　＿＿＿＿＿＿＿＿＿＿

(10) petto　—　＿＿＿＿＿＿＿＿＿＿

(11) ＿＿＿＿＿＿＿＿＿＿　—　あごひげ

(12) dente　—　＿＿＿＿＿＿＿＿＿＿

(13) gamba　—　＿＿＿＿＿＿＿＿＿＿

(14) ＿＿＿＿＿＿＿＿＿＿　—　耳（単数）

(15) ＿＿＿＿＿＿＿＿＿＿　—　まつ毛

(16) ＿＿＿＿＿＿＿＿＿＿　—　眉毛（単数）

(17) ＿＿＿＿＿＿＿＿＿＿　—　頬

(18) capello　—　＿＿＿＿＿＿＿＿＿＿

(19) gomito — _____

(20) _____ — 足（単数）

練習2

　覚えた単語を確認してみましょう。左と右の意味が合うように、(1)〜(20)の空欄に、イタリア語あるいは日本語の語彙を書き入れましょう。(→p.170)

(1) _____ — 母

(2) _____ — 婿（娘の夫）

(3) genitori — _____

(4) zio — _____

(5) moglie — _____

(6) _____ — 息子

(7) fidanzato — _____

(8) padre — _____

(9) nonno — _____

(10) _____ — 兄（弟）

(11) cugino — _____

(12) cognato — _____

(13) _____ — 甥（姪）

(14) _____ — 姉（妹）

(15) _____ — 娘

(16) bisnonno — _____

(17) marito — _____

(18) _____ — おば

(19) _____ — 姑

(20) _____ — 祖母

練習3

身体に関わる単語を、絵の各部分に合うように選択肢から入れましょう。
(→p.171)

~~fronte~~	spalla	occhio	sporacciglio	naso
orecchio	piede	polso	baffi	collo
capelli	ginocchio	labbro	sedere	panica
bocca	gomito	schiena	gamba	dito
petto	braccio	caviglia	guancia	testa
mano				

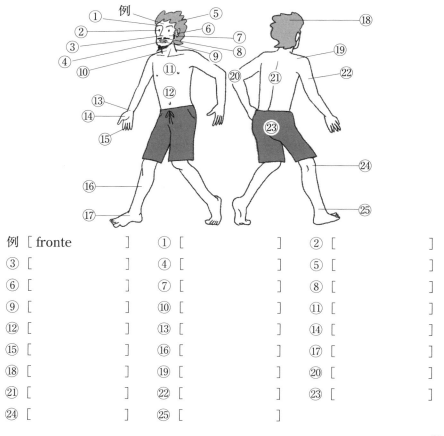

例 [fronte　　　　　]　　① [　　　　　　　]　　② [　　　　　　　]

③ [　　　　　　　]　　④ [　　　　　　　]　　⑤ [　　　　　　　]

⑥ [　　　　　　　]　　⑦ [　　　　　　　]　　⑧ [　　　　　　　]

⑨ [　　　　　　　]　　⑩ [　　　　　　　]　　⑪ [　　　　　　　]

⑫ [　　　　　　　]　　⑬ [　　　　　　　]　　⑭ [　　　　　　　]

⑮ [　　　　　　　]　　⑯ [　　　　　　　]　　⑰ [　　　　　　　]

⑱ [　　　　　　　]　　⑲ [　　　　　　　]　　⑳ [　　　　　　　]

㉑ [　　　　　　　]　　㉒ [　　　　　　　]　　㉓ [　　　　　　　]

㉔ [　　　　　　　]　　㉕ [　　　　　　　]

【応用トレーニング編】

練習1

　表の中に記載されているのは、身体の特徴を表す形容詞（または成句）のグループです。それらの形容詞が、身体についてのどの部分や総称を示すのか、選択肢から選び、表の先頭の(1)〜(6)に書き入れましょう。(→p.171)
※ここでは語尾変化の形もヒントになります。

| gambe | capelli | altezza |
| occhi | corporatura | carnagione |

部分の名称	形容詞
(1)	abbronzata – chiara – scura – olivastra
(2)	azzurri – a mandorla – neri – castani
(3)	snella – robusta – atletica – corpulenta
(4)	muscolose – corte – slanciate – lunghe
(5)	alto (alta) – basso (bassa) – media
(6)	ricci – lisci – con colpi di sole – brizzolati

練習2

　身体の名称のいずれかを入れて、成句や諺を完成させましょう。(→p.172)

(1) Questo vestito costa un ＿＿＿＿＿＿ della ＿＿＿＿＿＿.
　この服は目が飛び出るほど高い。

(2) I miei figli sono di ＿＿＿＿＿＿ buona.
　私の息子たちは食欲旺盛だ。

(3) Bruno non si rammenta dal ＿＿＿＿＿＿ alla ＿＿＿＿＿＿.
　ブルーノはひどく覚えが悪い。

(4) Gioco di _____, gioco di villano.

乱暴してはいけない。

(5) Le bugie hanno le _____ corte.

嘘はじきにばれる。

練習3

次の親族の関係図を見ながら、(1)〜(15)の文に合う親族の名称を選択肢から入れてみましょう。(→p.172)

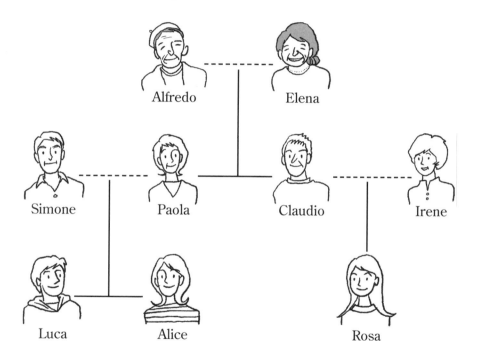

sorella	cugina	nonni	suocera	figlio
marito	figlia	nipote	figlio	nonno
fratello	padre	genitori	nonna	moglie

(1) Claudio è il [　　　　　] di Rosa.

(2) Claudio è il [　　　　　] di Irene.

(3) Alfredo è il [　　　　　] di Rosa.

(4) Elena è la [　　　　　] di Simone.

(5) Elena è la [　　　　　] di Luca.

(6) Paola è la [　　　　　] di Alfredo.

(7) Rosa è la [　　　　　] di Elena.

(8) Alice è la [　　　　　] di Rosa.

(9) Luca è il [　　　　　] di Paola.

(10) Irene è la [　　　　　] di Claudio.

(11) Luca è il [　　　　　] di Simone.

(12) Paola è la [　　　　　] di Claudio.

(13) Luca è il [　　　　　] di Alice.

(14) Alfredo e Elena sono i [　　　　　] di Paola e Claudio.

(15) Alfredo e Elena sono i [　　　　　] di Luca, Alice e Rosa.

練習4

右枠の説明に対応するイタリア語の単語を(1)~(10)の枠に選択肢から入れましょう。ただし、必要のないものも含まれるので、自分で判断しましょう。(→p.172)

sposato	suocero	figliastro	bisnonno	scapolo
primogenito	fratellastro	genero	coniuge	nuora
cognato	figlio unico	parente	genitore	antenato

解答（イタリア語）	説明
(1)	兄弟のいない子（男）
(2)	結婚をした相手（夫婦の一方から見た他方）
(3)	父親（または母親）の違う兄（弟）
(4)	父親または母親
(5)	実子でない子（男）
(6)	ひとり身の男性
(7)	最初に産まれた子（男）
(8)	祖父または祖母の父親
(9)	娘の夫
(10)	息子の嫁

Capitolo **6**

Abbigliamento, moda, forme e colori
衣服・ファッション・形・色

覚えておきたい基本の単語

衣服・ファッション用語など　🔊14

☐ **abito da sera**	イブニングドレス
☐ **abito da sposa**	ウエディングドレス
☐ **abito intero**	スーツ（completoとも表す）
☐ **anello**	指輪
☐ **berretto**	（ひさし付き、またはつばなしの）帽子
☐ **biancheria intima**	下着
☐ **bordo**	すそ、へり
☐ **bretelle**	複 サスペンダー
☐ **calze**	複 靴下、ソックス、ストッキング
☐ **camicia**	ワイシャツ
☐ **camicetta**	ブラウス
☐ **cappello**	（つば付きの）帽子
☐ **cappotto**	コート
☐ **chiusura lampo**	ファスナー
☐ **ciabatte**	複 スリッパ
☐ **cintura**	ベルト

☐ collana	ネックレス
☐ collanina	細身のネックレス
☐ colletto	襟
☐ costume	男 コスチューム、衣装
☐ costume da bagno	水着
☐ cravatta	ネクタイ
☐ fascia	帯、バンド、サッシュ
☐ fiocco	飾り結び、蝶結び
☐ giacca	ジャケット、上着
☐ giacca a vento	ウィンドブレーカー
☐ gilè	男 ベスト
☐ giubbotto	ジャンパー
☐ gonna	スカート
☐ guanti	複 手袋
☐ impermeabile	男 レインコート
☐ indumenti intimi	複 下着、肌着
☐ jeans	男複 ジーンズ
☐ maglia	ニット、薄手のセーター
☐ maglietta	Tシャツ
☐ maglione	男 セーター
☐ manica	袖
☐ mutande	複 (下着の) パンツ、ショーツ
☐ nappa	飾りふさ
☐ occhiali	複 眼鏡
☐ occhiali da sole	複 サングラス
☐ orecchini	複 イヤリング、ピアス
☐ orologio	時計
☐ panciotto	ベスト、チョッキ
☐ pantaloncini	複 ショートパンツ
☐ pantaloni	複 ズボン、パンツ、スラックス
☐ pantofole	複 スリッパ

☐ **papillon** ㊚ 蝶ネクタイ

☐ **pelliccia** 毛皮

☐ **pigiama** ㊚ パジャマ

☐ **sandali** ㊿ サンダル

☐ **scarpe** ㊿ 靴

☐ **scarpe con i tacchi alti** ハイヒール

☐ **scarpe in pelle** 革靴

☐ **scarpe sportive** スポーツシューズ

☐ **sciarpa** マフラー、スカーフ

☐ **stivali** ㊿ ブーツ、長靴

☐ **reggiseno** ブラジャー

☐ **top** ㊚ タンクトップ

☐ **tuta** つなぎ、作業着、ジャージ

☐ **vestito** 服、衣装、衣類

☐ **zip** ㊚ ジッパー

色 ◀))15

☐ **arancione** オレンジ色

☐ **azzurro** 青

☐ **beige** ベージュ

☐ **bianco** 白

☐ **biondo** ブロンド

☐ **blu** （濃い）青、紺

☐ **celeste** 空色

☐ **giallo** 黄色

☐ **grigio** 灰色

☐ **marrone** 茶色

☐ **nero** 黒

☐ **rosa** ピンク

☐ **rosso** 赤

☐ **verde** 緑

☐ **viola** 紫

※色を表す単語は、名詞と結びつくと「オレンジ色の」「青い」のように形容詞の意味になります。

形・印象を表す形容詞や表現　◀))16

☐ **a collo alto** ハイネックの

☐ **a maniche corte** 半袖の

☐ **a maniche lunghe** 長袖の

☐ **alto** 背の高い、高い

☐ **ampio** 広い

☐ **antipatico** 感じの悪い、いやな

☐ **aperto** 開放的な、明るい、開いた

☐ **basso** 背の低い

☐ **bello** きれい、かっこいい

☐ **brillante** 輝く、まばゆい

☐ **brutto** 醜い、ひどい、不快な

☐ **calvo** はげた

☐ **chiaro** 明るい、はっきりした

☐ **chiuso** 閉鎖的な、うちとけない、閉じた

☐ **corto** 短い

☐ **da donna** 女性用の

☐ **da uomo** 男性用の

☐ **duro** かたい

☐ **elegante** 優雅な、エレガントな

☐ **folto** （毛が）多い、濃い

☐ **gentile** やさしい

☐ **giovane** 若い

☐ **grasso** 太った

☐ **largo** 幅広い、ゆるい

☐ **leggero**	軽い、薄手の
☐ **lineare**	線の、直線的な
☐ **lungo**	長い
☐ **moderno**	現代的な、モダンな
☐ **morbido**	柔らかい、滑らかな、ソフトな
☐ **ovale**	楕円形の、卵形の
☐ **pelato**	毛（羽・皮・葉）のない
☐ **pesante**	重い、厚手の
☐ **quadrato**	四角い
☐ **ristretto**	狭い、濃縮した
☐ **romantico**	ロマンティックな
☐ **romboidale**	菱形の
☐ **rotondo / tondo**	丸い
☐ **scuro**	暗い、黒っぽい、くすんだ
☐ **semplice**	シンプルな、飾り気のない
☐ **senza maniche**	ノースリーブの
☐ **sorridente**	うれしそうな、笑っている
☐ **sottile**	細い、薄い
☐ **simpatico**	感じのよい、好感のもてる
☐ **stretto**	きつい、窮屈な
☐ **tenero**	柔らかい
☐ **timido**	内気な、シャイな
☐ **triangolare**	三角形の
☐ **vistoso**	派手な、けばけばしい

模様など　　　　　　　　　　　　　　🔊 17

□ **a fantasia**　　　　　　ペイズリー柄の
□ **a fiori**　　　　　　　花柄の
□ **a forma di 〜**　　　〜の形の（例：a forma di cuore ハート形の）
□ **a pois**　　　　　　　水玉の、ドット模様の
□ **a quadretti**　　　　チェックの
□ **a righe**　　　　　　ストライプの
□ **a tinta unita**　　　無地の

語彙力アップの基本情報

　形容詞の語尾変化において、やや特殊なタイプを覚えておきましょう。

語尾 -co の形容詞

　単語によって男性複数形が-chiになるタイプと-ciとなるタイプのものがあります。これらはその都度覚えるようにします。女性複数形は必ず-cheとなります。

	男性単数	男性複数	女性単数	女性複数
bianco 白い	bianco	bianchi	bianca	bianche
simpatico 感じのよい	simpatico	simpatici	simpatica	simpatiche

語尾 -go の形容詞

　このタイプは男性複数形が-ghi、女性複数形が-gheとなります。

	男性単数	男性複数	女性単数	女性複数
lungo 長い	lungo	lunghi	lunga	lunghe

　ここまでの語彙が身についたら、［練習コーナー］へ進みましょう。

語彙力アップの練習コーナー

練習1

覚えた単語を確認してみましょう。左と右の意味が合うように、(1)〜(20)の空欄に、イタリア語あるいは日本語の語彙を書き入れましょう。(→p.172)

(1) _____ ― Tシャツ

(2) _____ ― 眼鏡

(3) calze ― _____

(4) cintura ― _____

(5) giubbotto ― _____

(6) _____ ― ズボン、パンツ、スラックス

(7) _____ ― 靴

(8) biancheria intima ― _____

(9) abito intero ― _____

(10) collana ― _____

(11) _____ ― ネクタイ

(12) anello ― _____

(13) _____ ― ジャケット

(14) pantaloncini ― _____

(15) guanti ― _____

(16) _____ ― ブーツ

(17) reggiseno ― _____

⒅ colletto　　　　　　　　—　_____

⒆ _____　—　袖

⒇ _____　—　マフラー、スカーフ

練習2

　覚えた単語を確認してみましょう。左と右の意味が合うように、⑴〜⒇
の空欄に、イタリア語あるいは日本語の語彙を書き入れましょう。(→p.173)

⑴ _____　—　黒

⑵ _____　—　緑

⑶ bianco　　　　　　　　—　_____

⑷ giallo　　　　　　　　—　_____

⑸ morbido　　　　　　　—　_____

⑹ _____　—　丸い

⑺ chiaro　　　　　　　　—　_____

⑻ scuro　　　　　　　　　—　_____

⑼ largo　　　　　　　　　—　_____

⑽ _____　—　きつい、窮屈な

⑾ a quadretti　　　　　　—　_____

⑿ _____　—　ストライプの

⒀ senza maniche　　　　—　_____

⒁ a maniche corte　　　—　_____

⒂ _____　—　シンプルな、飾り気のない

⒃ vistoso　　　　　　　　—　_____

⒄ a fiori　　　　　　　　—　_____

⒅ _____　—　水玉の、ドット模様の

⒆ _____　—　無地の

⒇ a collo alto　　　―　_____

練習3

服飾品に関わる単語を、絵に合うように選択肢から入れましょう。
(→p.173)

~~cappello~~	maglione	calze	orologio
camicia	cravatta	gilè	scarpe in pelle
collanina	pantaloni	occhiali da sole	scarpe sportive
giacca da donna	gonna	camicetta	pantaloncini
cintura	scarpe con i tacchi alti		orecchini
giacca da uomo	giubbotto	sciarpa	maglietta
jeans	stivali	cappotto	

例 [　　cappello　　]　①[　　　　　　　]　②[　　　　　　　]

③[　　　　　　　]　④[　　　　　　　]　⑤[　　　　　　　]

⑥ [　　　　　　] ⑦ [　　　　　　] ⑧ [　　　　　　]

⑨ [　　　　　　] ⑩ [　　　　　　] ⑪ [　　　　　　]

⑫ [　　　　　　] ⑬ [　　　　　　] ⑭ [　　　　　　]

⑮ [　　　　　　] ⑯ [　　　　　　] ⑰ [　　　　　　]

⑱ [　　　　　　] ⑲ [　　　　　　] ⑳ [　　　　　　]

㉑ [　　　　　　] ㉒ [　　　　　　] ㉓ [　　　　　　]

㉔ [　　　　　　] ㉕ [　　　　　　]

練習 4

カバー裏のイラストを見てください。絵の中の衣類を表す単語に対し、色を表す形容詞を空欄に入れましょう。その際、形容詞は下の表を参考に、適切な形で入れるようにしましょう。（→p.173）

色	男性単数形	男性複数形	女性単数形	女性複数形
黒い	nero	neri	nera	nere
赤い	rosso	rossi	rossa	rosse
白い	bianco	bianchi	bianca	bianche
青い	azzurro	azzurri	azzurra	azzurre
黄色い	giallo	gialli	gialla	gialle
グレーの	grigio	grigi	grigia	grigie
緑の	verde	verde	verdi	verdi
オレンジ色の*	arancione	arancione	arancioni	arancioni
茶色の*	marrone	marrone	marroni	marroni
ピンクの	rosa	rosa	rosa	rosa
紫の	viola	viola	viola	viola

＊「オレンジ色の」や「茶色の」では、複数でも変化させずarancione, marroneと表すこともある。

(1) il cappotto [　　　　　　　]

(2) la camicia [　　　　　　　]

(3) la camicetta [　　　　　　　]

(4) la gonna [　　　　　　　]

(5) la giacca [　　　　　　　] da uomo

(6) la giacca [　　　　　　　] da donna

(7) il maglione [　　　　　　　]

(8) il giubbotto [　　　　　　　]

(9) i pantaloni [　　　　　　　]

(10) i guanti [　　　　　　　]

練習 5

人物の身体や印象、性格などを表す形容詞（基本形）を選択肢から入れましょう。（→p.174）

grigio	bello	aperto	magro	bianco
morbido	lungo	folto	rotondo	ampio
nero	alto	marrone	azzurro	simpatico
biondo	chiaro	sorridente	giovane	gentile

印象・性格

(1) きれい、かっこいい　　　　　[　　　　　　]

(2) 感じのよい　　　　　　　　　[　　　　　　]

(3) 若い　　　　　　　　　　　　[　　　　　　]

(4) 開放的な、明るい　　　　　　[　　　　　　]

(5) うれしそうな、笑っている　　[　　　　　　]

(6) やさしい　　　　　　　　　　[　　　　　　]

形・感覚

(7) 丸い　　　　　　　　　　［　　　　　　　］

(8) 柔らかい　　　　　　　　［　　　　　　　］

(9) 長い　　　　　　　　　　［　　　　　　　］

(10) 太い、（毛）濃い　　　　［　　　　　　　］

(11) 広い　　　　　　　　　　［　　　　　　　］

(12) やせた　　　　　　　　　［　　　　　　　］

(13) 背の高い　　　　　　　　［　　　　　　　］

色

(14) 黒い　　　　　　　　　　［　　　　　　　］

(15) 白い　　　　　　　　　　［　　　　　　　］

(16) 茶色い　　　　　　　　　［　　　　　　　］

(17) 青い　　　　　　　　　　［　　　　　　　］

(18) グレーの　　　　　　　　［　　　　　　　］

(19) ブロンドの　　　　　　　［　　　　　　　］

(20) 明るい　　　　　　　　　［　　　　　　　］

練習6

　練習5で出た形容詞のうち、(1)〜(10)のものに対する反対語を選択肢から選び、書き入れましょう。ただし、必要のない単語も含まれるので、自分で判断しましょう。(→p.174)

duro	ristretto	tenero	chiuso	quadrato
brutto	grasso	calvo	antipatico	basso
scuro	corto	timido	pelato	pesante

(1) bello　　　　　⟷ ［　　　　　　　］

(2) simpatico ⟷ [   ]

(3) aperto ⟷ [   ]

(4) morbido ⟷ [   ]

(5) rotondo ⟷ [   ]

(6) lungo ⟷ [   ]

(7) ampio ⟷ [   ]

(8) magro ⟷ [   ]

(9) alto ⟷ [   ]

(10) chiaro ⟷ [   ]

【応用トレーニング編】

練習1

　絵の中の衣類を表す単語に対し、その特徴、模様、柄、形状などを表す語句を選択肢から空欄に入れましょう。(→p.174)

a tinta unita	a maniche lunghe	a righe
senza maniche	a quadretti	a fiori
fantasia	a collo alto	a pois
a maniche corte		

① la cravatta [　　　　　　　]

② la giacca [　　　　　　　] da uomo

③ la camicia [　　　　　]

④ i pantaloni [　　　　　]

⑤ il vestito [　　　　　]

⑥ la giacca [　　　　　] da donna

⑦ la camicetta [　　　　　]

⑧ la maglia tagliata [　　　　　　　]

⑨ la maglietta [　　　　　　]

⑩ il maglione [　　　　　]

練習 2

絵の中の靴を見て、右の単語(1)～(10)と、左の特徴や形状を表す語句(a)～(j)を結びつけましょう。(→p.174)

(1) le scarpe ・　　　　・ (a) da camera

(2) i tacchi ・　　　　・ (b) da neve

(3) le scarpe ・　　　　・ (c) al ginocchio

(4) i mocassini ・　　　・ (d) stringati

(5) le pantofole ・　　　・ (e) eleganti con i lacci

(6) le ciabatte ・ ・ (f) da spiaggia

(7) gli stivali ・ ・ (g) da ginnastica

(8) i sandali ・ ・ (h) con zeppa

(9) gli stivaletti ・ ・ (i) con nappe

(10) gli scarponi ・ ・ (j) a spillo

練習3

次の(1)~(8)の説明文に合う服装のアイテムを選択肢から選び、解答欄に書き入れましょう。(→p.175)

cintura	sciarpa	anello	pigiama
impermeabile	collana	occhiali da sole	cravatta

(1) Quando la porta al collo, una donna diventa più elegante.
[   ]

(2) Molti uomini la indossano in occasioni formali insieme a gicca e comicia. [   ]

(3) Si mette al collo quando fa freddo. [   ]

(4) Si indossa sopra gli abiti per difendersi dalla pioggia. [   ]

(5) Si usa per tenere su i pantaloni. [   ]

(6) Si indossano per proteggere gli occhi da radiazioni troppo intense.
[   ]

(7) Si porta alle dita delle mani per ornamento o come simbolo di un vincolo. [   ]

(8) Si indossa per andare a letto. È composto da giacca e pantaloni.
[   ]

Capitolo 7

Fenomeno atmosferico, stagioni e calendario (orari festivi e feriali)
気象・季節・カレンダー（祝祭日・平日）

覚えておきたい基本の単語

自然・地理・天候に関する語句　　　　◀🔊 18

☐ **Adriatico**	アドリア海（Mare Adriatico とも表記する）
☐ **Alpi**	囡 複 アルプス山脈
☐ **alpino**	アルプスの
☐ **Appennini**	男 複 アペニン山脈
☐ **arcobaleno**	虹
☐ **aumento**	（気温など）上昇
☐ **bacino**	盆地
☐ **caldo**	暑さ、暑い
☐ **calmo**	穏やかな
☐ **calo**	（気温などの）低下
☐ **centro**	中部
☐ **cielo**	空
☐ **est**	男 東部、東
☐ **freddo**	寒さ、寒い
☐ **grandine**	囡 雹

☐ gelo	霜
☐ Ionio	イオニア海（Mar Ionio とも表記する）
☐ luna	月
☐ mare	男 海
☐ meridionale	南の
☐ meteo	（テレビなどの）天気予報
☐ montagna	山
☐ monte	男 山
☐ mosso	荒れた
☐ nebbia	霧
☐ neve	女 雪
☐ nevicare	雪が降る
☐ nord	男 北部、北
☐ occidentale	西の
☐ onda	波
☐ orientale	東の
☐ umido	湿気、湿った
☐ nubifragio	土砂降り、豪雨
☐ nuvola	雲
☐ nuvoloso	曇った
☐ ora	時間
☐ ovest	男 西部、西
☐ pianura	平野
☐ pioggia	雨
☐ piovere	雨が降る
☐ Po	ポー川（il fiume Poとも表す、イタリア最長の川）
☐ previsione meteorologica	天気予報
☐ rovescio	土砂降り、豪雨
☐ scirocco	シロッコ（北アフリカから南欧に吹く熱風）
☐ sereno	晴れた
☐ settentrionale	北の

☐ **sole**　　　　　　　　　㊚ 太陽

☐ **stella**　　　　　　　　星

☐ **sud**　　　　　　　　　㊚ 南部、南

☐ **telegiornale**　　　　　㊚ テレビのニュース

☐ **tempesta**　　　　　　　嵐、暴風雨

☐ **temperatura**　　　　　温度、気温

☐ **tempo**　　　　　　　　時間、天気

☐ **temporale**　　　　　　㊚（雷雨・雹などを伴う）嵐

☐ **tifone**　　　　　　　　㊚ 台風

☐ **Tirreno**　　　　　　　ティレニア海（Mar Tirreno とも表記する）

☐ **tuono**　　　　　　　　雷、雷鳴

☐ **variabile**　　　　　　変わりやすい

☐ **vento**　　　　　　　　風

季節　　　　　　　　　　　　　　　　🔊 19

☐ **primavera**　　　　　　春

☐ **estate**　　　　　　　　㊛ 夏

☐ **autunno**　　　　　　　秋

☐ **inverno**　　　　　　　冬

月　　　　　　　　　　　　　　　　　🔊 20

☐ **gennaio**　　　　　　　1月

☐ **febbraio**　　　　　　　2月

☐ **marzo**　　　　　　　　3月

☐ **aprile**　　　　　　　　4月

☐ **maggio**　　　　　　　5月

☐ **giugno**　　　　　　　6月

☐ **luglio**　　　　　　　　7月

☐ **agosto**　　　　　　　　8月

☐ settembre	9月
☐ ottobre	10月
☐ novembre	11月
☐ dicembre	12月

曜日　　　　　　　　　　　　　　　　🔊 21

☐ lunedì	月曜日
☐ martedì	火曜日
☐ mercoledì	水曜日
☐ giovedì	木曜日
☐ venerdì	金曜日
☐ sabato	土曜日
☐ domenica	日曜日

代表的な祝日・宗教的行事　　　　　　🔊 22

☐ Capodanno	元日、元旦
☐ Carnevale	謝肉祭、カーニバル
☐ Pasqua	復活祭、イースター
☐ Ferragosto	聖母被昇天祭（8月15日）
☐ Tutti i Santi	諸聖人の日（11月1日）
☐ Natale	クリスマス

語彙力アップの基本情報

◆天気・気候の表し方

動詞 fare を用いるタイプ

・fare は常に3人称単数形で用いる。

Fa bel tempo.	天気がよい。
Fa brutto tempo.	天気が悪い。
Fa freddo.	気温が寒い。
Fa caldo.	気温が暑い。

動詞 essere を用いるタイプ

・essere は常に3人称単数形で用いる。

È sereno.	晴れている。
È nuvoloso.	曇っている。
Il tempo è bello (brutto).	天気がよい（悪い）。

天候の動詞 piovere, nevicare

・いずれも常に3人称単数形で用いる。

Piove forte.	強い雨が降る。
Nevica stasera.	今夜は雪が降る。

　ここまでの語彙が身についたら、［練習コーナー］へ進みましょう。

語彙力アップの練習コーナー

【基本トレーニング編】

練習1

　覚えた単語を確認してみましょう。左と右の意味が合うように、(1)〜(20)の空欄に、イタリア語あるいは日本語の語彙を書き入れましょう。(→p.175)

(1) ＿＿＿＿＿＿＿＿＿＿＿＿　―　空

(2) ＿＿＿＿＿＿＿＿＿＿＿＿　―　時間、天気

(3) previsione meteorologica　―　＿＿＿＿＿＿＿＿＿＿＿＿

(4) temperatura　―　＿＿＿＿＿＿＿＿＿＿＿＿

(5) ＿＿＿＿＿＿＿＿＿＿＿＿　―　風

(6) ＿＿＿＿＿＿＿＿＿＿＿＿　―　雪

(7) grandine　―　＿＿＿＿＿＿＿＿＿＿＿＿

(8) gelo　―　＿＿＿＿＿＿＿＿＿＿＿＿

(9) onda　―　＿＿＿＿＿＿＿＿＿＿＿＿

(10) nebbia　―　＿＿＿＿＿＿＿＿＿＿＿＿

(11) ＿＿＿＿＿＿＿＿＿＿＿＿　―　平野

(12) ＿＿＿＿＿＿＿＿＿＿＿＿　―　雲

(13) settentrionale　―　＿＿＿＿＿＿＿＿＿＿＿＿

(14) ＿＿＿＿＿＿＿＿＿＿＿＿　―　南の

(15) ＿＿＿＿＿＿＿＿＿＿＿＿　―　アルプス山脈

(16) Appennini　―　＿＿＿＿＿＿＿＿＿＿＿＿

(17) mosso　―　＿＿＿＿＿＿＿＿＿＿＿＿

(18) ＿＿＿＿＿＿＿＿＿＿＿＿　―　穏やかな

⑲ sereno 　　　　　— 　_____

⑳ temporale 　　　 — 　_____

練習 2

　覚えた単語を確認してみましょう。左と右の意味が合うように、⑴〜㉕の空欄に、イタリア語あるいは日本語の語彙を書き入れましょう。(→p.176)

⑴ _____ 　— 　12月

⑵ _____ 　— 　3月

⑶ inverno 　　　　　— 　_____

⑷ _____ 　— 　春

⑸ _____ 　— 　木曜日

⑹ _____ 　— 　クリスマス

⑺ estate 　　　　　　— 　_____

⑻ luglio 　　　　　　— 　_____

⑼ giugno 　　　　　— 　_____

⑽ _____ 　— 　秋

⑾ Capodanno 　　　 — 　_____

⑿ domenica 　　　　— 　_____

⒀ martedì 　　　　　— 　_____

⒁ gennaio 　　　　　— 　_____

⒂ _____ 　— 　4月

⒃ sabato 　　　　　— 　_____

⒄ _____ 　— 　復活祭

⒅ _____ 　— 　水曜日

⒆ febbraio 　　　　　— 　_____

⒇ _____ 　— 　5月

(21) venerdì ― ＿＿＿＿＿＿＿＿＿＿＿＿＿

(22) ＿＿＿＿＿＿＿＿＿＿＿＿＿ ― 8月

(23) ＿＿＿＿＿＿＿＿＿＿＿＿＿ ― 月曜日

(24) settembre ― ＿＿＿＿＿＿＿＿＿＿＿＿＿

(25) ＿＿＿＿＿＿＿＿＿＿＿＿＿ ― 11月

練習3

次の気象図を見て、(1)〜(10)の質問に合うように、各地の天気の状態を選択肢から選んで入れましょう。(→p.176)

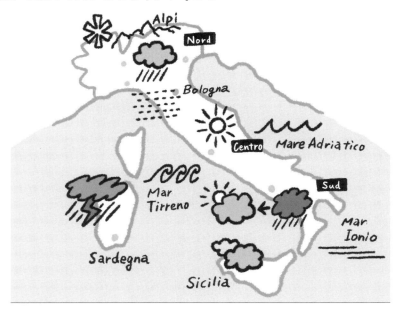

È nuvoloso.	È sereno.	Nevica.	È molto mosso.
C'è un temporale.		È calmo.	C'è la nebbia.
Piove.	È mosso.	È variabile.	

(1) Sulle Alpi? 　　　　　[　　　　　　　]

(2) Al Nord? 　　　　　[　　　　　　　]

(3) A Bologna?　　　　　　　[　　　　　]

(4) Al Centro?　　　　　　　[　　　　　]

(5) Al Sud?　　　　　　　　[　　　　　]

(6) In Sicilia?　　　　　　　[　　　　　]

(7) In Sardegna?　　　　　　[　　　　　]

(8) Il Mar Tirreno?　　　　　[　　　　　]

(9) Il Mare Adriatico?　　　　[　　　　　]

(10) Il Mar Ionio?　　　　　　[　　　　　]

【応用トレーニング編】

練習1

　次の天気図を見ながら、それを解説する文中の下線部(1)～(8)に適切な語句を選択肢から選んで入れましょう。(→p.176)

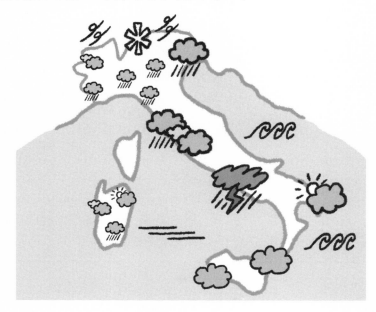

variabile	nevica	calo	moderati
vento	nubifragi	mossi	temporali

MARTEDI' 22 NOVEMBRE 202X, SULL'ITALIA SI PREVEDE;

NORD:

(1) _____ forte in tutte le regioni, in Friuli-Venezia Giulia e Veneto con rovesci. (2) _____ probabilmente sulle aree alpine oltre i 1000 metri.

CENTRO E SARDEGNA:

Maltempo con piogge forti sui versanti tirrenici con (3) _____ . Migliora in serata sul versante ovest.

SUD E SICILIA:

Maltempo con piogge diffuse e (4) _____ forti sui versanti tirreni-ci. Piove meno ed è (5) _____ su Sicilia e Calabria, schiarite su Puglia e Basilicata.

TEMPERATURE:

Temperature in (6) _____ , massime tra i 13 e i 19 gradi. Massime in calo sull'arco alpino occidentale, Liguria, Emilia-Romagna, Sardegna e Sicilia.

VENTI e MARI:

Venti molto forti sulle coste dell'Adriatico. Mari molto (7) _____ ad agitati , (8) _____ sul resto del versante occidentale.

練習 2

次の文に合う季節や祝祭（日）の名称を選択肢から選んで入れましょう。
（→p.177）

Pasqua	primavera	donna	inverno
Carnevale	Natale	vacanza	autunno
Capodanno	estate		

⑴ Dicembre, gennaio e febbraio sono mesi d'＿＿＿＿＿＿.

⑵ In febbraio in molte città italiane c'è un lungo periodo di festeggia-
menti, con maschera e carri allegorici si chiama ＿＿＿＿＿＿.

⑶ In primavera si celebra una festa religiosa in cui si mangiano tantis-
sime uova di cioccolato. Si chiama ＿＿＿＿＿＿.

⑷ In giugno, luglio e agosto molti italiani vanno in ＿＿＿＿＿＿.

⑸ Settembre, ottobre e novembre sono mesi d'＿＿＿＿＿＿.

⑹ L'8 marzo è la festa della ＿＿＿＿＿＿, in questo giorno gli uomi-
ni italiani regalano una mimosa.

⑺ L'anno comincia il primo di questo mese, ovvero in ＿＿＿＿＿＿.

⑻ Giugno, luglio e agosto sono mesi d'＿＿＿＿＿＿.

⑼ Il ＿＿＿＿＿＿ è un'importante festa cristiana. È a dicembre e pi-
ace anche ai bambini, che si aspettano dei bei regali.

⑽ Marzo, aprile e maggio sono mesi di ＿＿＿＿＿＿.

練習3

冒頭の単語に最も関連ある語句を(a)〜(c)から1つ選びましょう。(→p.178)

(1) ombrello	(a) pioggia	(b) stella	(c) nebbia
(2) le Alpi	(a) Spagna	(b) Svizzera	(c) Argentina
(3) tempesta	(a) arcobaleno	(b) tuono	(c) luna
(4) meteo	(a) musica	(b) ballo	(c) tempo
(5) Natale	(a) panettone	(b) uovo	(c) pollo
(6) Carnevale	(a) stivali	(b) maschera	(c) corona
(7) mare	(a) mareggiata	(b) rovescio	(c) previsione
(8) gli Appennini	(a) Sardegna	(b) Liguria	(c) Scillia

練習4

文意をよく考えながら、選択肢の語句を適切に入れて、(1)〜(6)の慣用表現を完成させましょう。(→p.178)

coltello	cane	San Martino
catinelle	pecorelle	pietre

(1) Piove a _____. Ho proprio bisogno dell'ombrello.

(2) Guarda che cielo a _____. Prevedo che pioverà fra poco.

(3) La temperatura è in calo. Fuori fa un freddo _____.

(4) Vicino al lago c'è un nebbia che si taglia con il _____.

(5) Fa caldissimo! C'è un sole che spacca le _____.

(6) Per un breve periodo all'inizio di novembre, abbiamo l'Estate di _____ ; i questo periodo il tempo è insolitamente caldo.

Capitolo 8

Generi alimentari
食材

覚えておきたい基本の単語

食材の種類　🔊 23

☐ agrumi	男 複 柑橘類
☐ carne	女 肉
☐ cereali	男 複 穀物
☐ condimento	調味料
☐ crostacei	男 複 甲殻類
☐ erbe aromatiche	複 香草、ハーブ
☐ farina	小麦粉
☐ frutta	果物
☐ latticini	男 複 乳製品
☐ lievito	酵母菌、イースト菌
☐ pane	男 パン
☐ pesce	男 魚
☐ salumi	男 複 加工肉食品
☐ spezie	女 複 香辛料、スパイス
☐ surgelati	男 複 冷凍食品
☐ uovo	卵 （複数形 女 le uova）
☐ verdura	野菜

野菜の名称　　🔊 24

☐ aglio	ニンニク
☐ broccolo	ブロッコリー
☐ carciofo	アーティチョーク
☐ carota	にんじん
☐ cavolfiore	男 カリフラワー
☐ cavolo	キャベツ
☐ ceci	複 ヒヨコ豆
☐ cetriolo	きゅうり
☐ cicoria	チコリー
☐ cipolla	玉ねぎ
☐ fagioli	複 インゲン豆
☐ fava	ソラ豆
☐ funghi	複 きのこ（単数はfungo）
☐ lenticchie	複 レンズ豆
☐ mais	男 とうもろこし
☐ melanzana	なす
☐ oliva	オリーブの実
☐ patata	じゃがいも
☐ patata dolce	さつまいも
☐ peperoncino	とうがらし
☐ peperone	男 ピーマン
☐ piselli	複 グリーンピース
☐ pomodoro	トマト
☐ porro	ねぎ
☐ radicchio	紫色のチコリー
☐ rapa	かぶ
☐ sedano	セロリ
☐ spinaci	複 ほうれん草
☐ tartufo	トリュフ

□**zucchini**　　　　　　　㊚㊵ ズッキーニ（㊶ zucchina ㊵ zucchine と女性形でも表す）

果物の名称　　　　　　　　　　　◀))25

□**albicocca**	あんず
□**ananas**	㊚ パイナップル
□**anguria**	スイカ
□**arancia**	オレンジ
□**castagna**	栗
□**ciliegia**	さくらんぼ
□**cocomero**	スイカ
□**fico**	いちじく
□**fragola**	いちご
□**limone**	㊚ レモン
□**mela**	りんご
□**melagrana**	ザクロ
□**melone**	㊚ メロン
□**pera**	洋梨
□**pesca**	桃
□**pompelmo**	グレープフルーツ
□**uva**	ぶどう

肉類　　　　　　　　　　　　　◀))26

□**abbacchio**	仔羊（ローマ地方）
□**agnello**	仔羊（agnello da latte 乳のみ仔羊）
□**anatra**	鴨、家鴨
□**bue**	㊚（去勢して5年以上の）雄牛
□**cappone**	㊚ 去勢した雄鶏
□**cervo**	鹿

☐ **cinghiale**	男 猪
☐ **coniglio**	ウサギ
☐ **lepre**	女 野ウサギ
☐ **maiale**	男 豚、豚肉
☐ **manzo**	（去勢して18カ月〜5年の）雄牛
☐ **pollo**	鶏、鶏肉
☐ **selvaggina**	ジビエ
☐ **vacca**	（2年以上の）雌牛
☐ **vitello**	仔牛（vitella雌の仔牛）

加工肉　　🔊 27

☐ **guanciale**	男 グアンチャーレ（豚頬肉の塩漬け）
☐ **pancetta**	パンチェッタ（豚バラ肉の塩漬け）
☐ **pancetta affumicata**	燻製のパンチェッタ（ベーコン）
☐ **prosciutto cotto**	加熱したハム
☐ **prosciutto crudo**	生ハム
☐ **salame**	男 サラミ
☐ **salsiccia**	ソーセージ

香草・ハーブなど　　🔊 28

☐ **basilico**	バジル
☐ **camomilla**	カモミール
☐ **cannella**	シナモン
☐ **finocchio**	フェンネル
☐ **gelsomino**	ジャスミン
☐ **lavanda**	ラベンダー
☐ **menta**	ミント
☐ **origano**	オレガノ
☐ **prezzemolo**	パセリ

☐ **rosmarino**	ローズマリー
☐ **salvia**	セージ
☐ **timo**	タイム
☐ **zafferano**	サフラン
☐ **zenzero**	ショウガ

調味料類など　🔊 29

☐ **aceto**	酢
☐ **brodo**	ブイヨン
☐ **burro**	バター
☐ **miele**	男 ハチミツ
☐ **olio**	油（olio d'oliva オリーブオイル）
☐ **panna**	生クリーム
☐ **pepe**	男 コショウ
☐ **sale**	男 塩
☐ **zucchero**	砂糖

チーズの種類　🔊 30

☐ **caciocavallo**	カチョカヴァッロ（瓢箪型が特徴のチーズ）
☐ **gorgonzola**	ゴルゴンゾーラ（青カビのチーズ）
☐ **mascarpone**	男 マスカルポーネ（クリームチーズ）
☐ **mozzarella**	モッツァレッラ（南部産のフレッシュチーズ）
☐ **Parmigiano-Reggiano**	パルミジャーノ・レッジャーノ（パルメザンチーズ、熟成させたハードチーズ）
☐ **pecorino**	ペコリーノ（羊乳のチーズ）
☐ **ricotta**	リコッタ（乳清チーズ）

飲み物・酒類　　　　　　　　　　　　　　　◀)) 31

☐ **acqua**	水
☐ **acqua frizzante**	炭酸入りの水
☐ **birra**	ビール
☐ **caffè**	男（エスプレッソ）コーヒー
☐ **cappuccino**	カプチーノ
☐ **cioccolata**	ホットチョコレート（ココア）
☐ **grappa**	グラッパ（葡萄の蒸留酒）
☐ **latte**	男 牛乳、ミルク
☐ **limoncello**	リモンチェッロ（レモンを用いたリキュール）
☐ **liquore**	男 リキュール
☐ **prosecco**	プロセッコ（グレラ種を主体に作られる発泡性ワイン）
☐ **spremuta**	（生の果物を絞った）ジュース
☐ **spumante**	男 スパークリングワイン
☐ **succo**	ジュース
☐ **tè**	男 紅茶
☐ **vino**	ワイン

語彙力アップの基本情報

◆調理法の表し方

前置詞aを用いるタイプ

・〈a + 定冠詞〉は結合形となる。[a + il =] al, [a + la =] alla など。

・料理の場合、意味は「〜風」「〜味」「〜焼き (煮)」など味付けや調理法
　を示すこととなる。

　(1) a + 地名（形容詞）

　　　Cotoletta alla milanese　　ミラノ風カツレツ

　(2) a + 仕事や職業名

　　　Spaghetti alla pescatora　　漁師風スパゲッティ

　(3) a + 調理器具

　　　Patate al forno　　　　　　ポテトのオーブン焼き

　(4) a + 食材

　　　Spaghetti alle vongole　　アサリ味のスパゲッティ

　(5) a + 比喩的名称

　　　Pollo alla diavola　　　　悪魔風チキン

ここまでの語彙が身についたら、［練習コーナー］へ進みましょう。

語彙力アップの練習コーナー

【基本トレーニング編】

練習1

　覚えた単語を確認してみましょう。左と右の意味が合うように、(1)～(25)
の空欄に、イタリア語あるいは日本語の語彙を書き入れましょう。(→ p.179)

(1) _____ ― ぶどう

(2) mela ― _____

(3) fragola ― _____

(4) _____ ― レモン

(5) _____ ― 桃

(6) _____ ― 洋梨

(7) albicocca ― _____

(8) pompelmo ― _____

(9) cavolo ― _____

(10) _____ ― ニンニク

(11) fagioli ― _____

(12) _____ ― なす

(13) sedano ― _____

(14) cipolla ― _____

(15) funghi ― _____

(16) _____ ― 野菜

(17) pesce ― _____

(18) carne ― _____

(19) surgelato　　　　　—　_____

(20) _____　—　トリュフ

(21) _____　—　にんじん

(22) _____　—　鶏肉

(23) maiale　　　　　　—　_____

(24) _____　—　ウサギ

(25) agnello　　　　　—　_____

練習 2

　覚えた単語を確認してみましょう。左と右の意味が合うように、(1)〜(25)
の空欄に、イタリア語あるいは日本語の語彙を書き入れましょう。(→ p.179)

(1) prosciutto crudo　—　_____

(2) _____　—　猪

(3) salsiccia　　　　　—　_____

(4) selvaggina　　　　—　_____

(5) vitello　　　　　　—　_____

(6) _____　—　酢

(7) _____　—　牛乳

(8) condimento　　　　—　_____

(9) _____　—　ワイン

(10) succo　　　　　　—　_____

(11) prezzemolo　　　—　_____

(12) _____　—　メロン

(13) _____　—　いちじく

(14) _____　—　ほうれん草

(15) cannella　　　　　—　_____

(16) lenticchie ― _____

(17) _____ ― サフラン

(18) _____ ― スパークリングワイン

(19) zucchero ― _____

(20) zenzero ― _____

(21) _____ ― フェンネル

(22) _____ ― アーティチョーク

(23) latticini ― _____

(24) crostacei ― _____

(25) _____ ― 柑橘類

練習3

次の食材の名称を選択肢から選んで書き入れましょう（すべて単数形）。
（→p.179）

mela	cipolla	carota	zucchina
uva	melanzana	limone	patata
peperone	arancia	sedano	ciliegia
fragola	melone	cavolo	anguria

① [   ] ② [   ] ③ [   ]

④ [   ] ⑤ [   ] ⑥ [   ]

⑦ [   ] ⑧ [   ] ⑨ [   ]

⑩ [   ] ⑪ [   ] ⑫ [   ]

⑬ [   ] ⑭ [   ] ⑮ [   ]

練習 4

次の食料品の名称を選択肢から選んで書き入れましょう。なお、必要のない単語も含まれているので、自分で判断しましょう。(→p.180)

rosmarino	pecorino	Parmigiano-Reggiano	
cannella	limoncello	zenzero	latte
melanzana	vino	cioccolata	salsiccia
burro	aceto	prezzemolo	spumante
prosciutto crudo		caciocavallo	salvia
salame	basilico	tè al limone	pepe
spremuta d'arancia		brodo	mortadella
panna	birra		

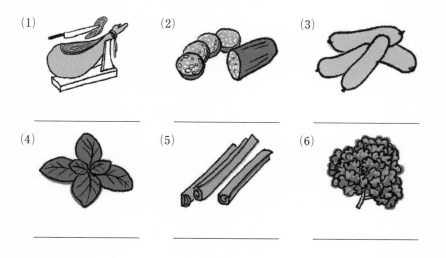

(1) _____

(2) _____

(3) _____

(4) _____

(5) _____

(6) _____

(7)

(8)

(9)

(10)

(11)

(12)

(13)

(14)

(15)

(16)

(17)

(18)

【応用トレーニング編】

練習1

　次の料理を作るために、欠かせない食材を選択肢から1つ選んで書き入れましょう。（→p.180）

melanzana	peperoncino	uovo	guanciale
mascarpone	zafferano	mozzarella	prosciutto crudo
pesce	pane		

(1) Spaghetti alla carbonara　[　　　　　]

(2) Pizza Margherita　[　　　　　]

(3) Penne all'arrabbiata　[　　　　　]

(4) Risotto alla milanese　[　　　　　]

(5) Bucatini all'amatriciana　[　　　　　]

(6) Tiramisù　[　　　　　]

(7) Acqua pazza　[　　　　　]

(8) Bruschetta　[　　　　　]

(9) Pasta alla Norma　[　　　　　]

(10) Saltimbocca alla romana　[　　　　　]

練習 2

(1)〜(8)に最も関連ある語句を(a)〜(c)から1つ選びましょう。(→p.180)

(1) grattugia	(a) formaggio	(b) burro	(c) miele
(2) risotto	(a) farina	(b) lievito	(c) riso
(3) prosciutto	(a) maiale	(b) lepre	(c) tonno
(4) contorno	(a) manzo	(b) salmone	(c) insalata
(5) digestivo	(a) latte	(b) grappa	(c) zenzero
(6) pinzimonio	(a) olio d'oliva	(b) panna	(c) lardo
(7) pesto alla genovese			
	(a) basilico	(b) timo	(c) finocchio
(8) vino	(a) surgelati	(b) cotto	(c) riserva

練習 3

文意をよく考えながら、選択肢の語句を適切に入れて(1)～(7)の慣用表現
を完成させましょう。(→p.181)

prosciutto	focaccia	mela	minestra
foglia	birra	vino	

(1) Oggi abbiamo perso..., ma la prossima volta rendiamo loro pan per

_____.

(2) Nella nostra famiglia a volte andiamo d'accordo, altre litighiamo, ma

tutto finisce sempre a tarallucci e _____.

(3) Avevo preparato uno scherzo a Gianni, ma non è venuto alla festa.

Forse ha mangiato la _____.

(4) Per non vedere i suoi errori dovevi avere gli occhi foderati di

_____.

(5) Se qualche volta rifiutavo del cibo, mia nonna mi diceva "O mangi

questa _____ o salti questa finestra".

(6) La figlia del dottor Neri è diventata infermiera. Dicono che la

_____ non cade mai lontano dall'albero.

(7) Giovanni ha corso a tutta _____ ed è arrivato in tempo

per la riunione.

Capitolo 9

Cucina e ricette
料理・レシピ

覚えておきたい基本の単語

料理の名称　　　　　　　　　　　　🔊 32〜36

☐ **antipasti**　　　　　㉵前菜（単数はantipasto）🔊 32

☐ **affettati misti**　　㉵薄切りハム・サラミの盛り合わせ

☐ **bruschetta**　　　　ブルスケッタ

☐ **carpaccio**　　　　　カルパッチョ

☐ **crostini misti**　　㉵クロスティーニ（カナッペ）の盛り合わせ

☐ **formaggio**　　　　　チーズ

☐ **frittata**　　　　　　オムレツ

☐ **sottaceti**　　　　　㉵酢漬け野菜、ピクルス

☐ **primi piatti**　　　㉵第一番目の料理（単数はprimo piatto）🔊 33

☐ **brodo**　　　　　　　コンソメスープ

☐ **gnocchi**　　　　　　㉵ニョッキ

☐ **lasagne**　　　　　　㉵ラザニア

☐ **ravioli**　　　　　　㉵ラヴィオリ

☐ **ribollita**　　　　　リボッリータ（野菜・豆などにパン切れを入れて煮込んだ料理）

☐ **risotto**　　　　　　リゾット

☐ **spaghetti**　　　　　㉵スパゲッティ

☐ **tagliatelle**	⑱ タリアテッレ
☐ **zuppa**	スープ
■ **secondi piatti**	⑱ 第二番目の料理（単数はsecondo piatto） ◀)) **34**
☐ **arrosto**	ローストした肉
☐ **bistecca**	ステーキ
☐ **bollito**	茹で肉
☐ **cotoletta**	カツレツ
☐ **fiorentina**	フィオレンティーナ（フィレンツェ風Tボーンステーキ）
☐ **grigliata**	グリル
☐ **involtini**	⑳ ⑱ インヴォルティーニ（ゆで野菜などを巻いて煮込んだ料理）
☐ **pollo arrosto**	ローストチキン
☐ **polpette**	⑱ ミートボール
☐ **salsiccia**	ソーセージ
☐ **tagliata**	タリアータ（牛肉を焼いて薄切りにした料理）
■ **contorni**	⑱ 付け合わせ ◀)) **35**
☐ **caponata**	カポナータ
☐ **crocchette**	⑲ ⑱ コロッケ
☐ **erbette bollite**	⑱ 茹でた葉物野菜
☐ **fiori di zucca fritti**	ズッキーニの花のフライ
☐ **funghi fritti**	⑱ キノコのフライ
☐ **grigliata di verdure**	野菜のグリル
☐ **insalata mista**	ミックスサラダ
☐ **patate al forno**	⑲ ⑱ オーブンで焼いたポテト
☐ **patate fritte**	⑲ ⑱ フライドポテト
■ **dolci**	デザート ◀)) **36**
☐ **bavarese**	⑲ ババロア
☐ **budino**	プリン
☐ **gelato**	アイスクリーム
☐ **macedonia**	フルーツポンチ

□**panna cotta**　パンナコッタ
□**sorbetto**　シャーベット
□**tiramisù**　男 ティラミス
□**torta**　ケーキ
□**torta fatta in casa**　自家製ケーキ
□**zuppa inglese**　ズッパイングレーゼ（カスタードとスポンジケーキを重ねたデザート）

食器・調理器具の名称　　◀)) 37

□**bacchette**　複 箸
□**batticarne**　男 肉たたき
□**bicchiere**　男 コップ、グラス
□**calice**　男 ワイングラス
□**casseruola**　キャセロール
□**ciotola**　おわん
□**coltello**　ナイフ、包丁
□**cucchiaio**　スプーン
□**forchetta**　フォーク
□**grattugia**　チーズ削り
□**mestolo**　玉じゃくし
□**padella**　フライパン
□**pelapatate**　男 ピーラー
□**pentola**　（深めの）鍋
□**piatto**　皿
□**schiacciapatate**　男 ポテトマッシャー
□**schiumarola**　網じゃくし
□**scolapasta**　水切り
□**spatola**　フライ返し
□**tagliere**　男 まな板
□**tegame**　男 （浅めの）鍋

調理法などを表す表現・動詞 🔊 38

☐ **affettare**	薄く切る（スライスする）
☐ **a fuoco lento / basso / dolce**	弱火で
☐ **a fuoco moderato / medio**	中火で
☐ **a fuoco vivo / alto / forte**	強火で
☐ **aggiustare**	（味を）整える、調節する
☐ **al forno**	オーブンで焼いた
☐ **al sangue**	（肉が）レアの
☐ **al dente**	歯ごたえのある固さに
☐ **alla griglia**	グリルした
☐ **a piacere**	お好みで
☐ **a punto**	（肉が）ミディアムの
☐ **ben cotta**	（肉が）ウェルダンの
☐ **bollire**	茹でる
☐ **condire**	味付けする
☐ **cuocere**	（焼く、炒める、煮るなど）加熱調理する
☐ **friggere**	揚げる
☐ **mescolare**	混ぜる
☐ **passata**	裏漉し
☐ **preparare**	（食事を）作る
☐ **quanto basta**	適量
☐ **saltare**	炒める、ソテーする
☐ **sbucciare**	皮をむく
☐ **scolare**	水気を切る
☐ **soffriggere**	軽く炒める（揚げる）
☐ **sott'olio**	オリーブオイル漬けの
☐ **tagliare**	切る
☐ **tritare**	みじん切りにする

語彙力アップの基本情報

◆レシピにおける調理指示の表し方

命令法2人称複数形

・不特定多数の読者を想定し、「あなたたち〜してください」の意味を持つ。

・代名詞は「動詞の活用形の後ろ」に結合させる。

Lavate gli spinaci e tagliateli （= tagliate + li）.

ほうれん草を洗い、それらを切ってください。

Bucate le salsicce con la forchetta e mettetele(= mettete + le) nel forno.

ソーセージにフォークで穴を開け、それらをオーブンに入れてください。

使役動詞 fare

・〈fare ＋不定詞（動詞の原形）〉は使役動詞となり、「〜させる」の意味を持つ。

Fate bollire l'acqua e aggiungete del sale.

水を沸き立たせて、塩を加えてください。

放任動詞 lasciare

・〈lasciare ＋不定詞（動詞の原形）〉は放任動詞となり、「〜ままにしておく」の意味を持つ。

Fate cuocere il tutto per 20 minuti e poi lasciatelo raffreddare.

（材料）全部を20分間煮立たせ、その後でそれを冷ましておきなさい。

ここまでの語彙が身についたら、［練習コーナー］へ進みましょう。

語彙力アップの練習コーナー

【基本トレーニング編】

練習1

　覚えた単語を確認してみましょう。左と右の意味が合うように、(1)～⒇の空欄に、イタリア語あるいは日本語の語彙を書き入れましょう。(→p.182)

(1) _____ ─ ステーキ

(2) _____ ─ 付け合わせ（複数形）

(3) insalata mista ─ _____

(4) patate fritte ─ _____

(5) _____ ─ オムレツ

(6) _____ ─ 前菜（複数形）

(7) arrosto ─ _____

(8) _____ ─ スープ

(9) _____ ─ コロッケ

(10) _____ ─ アイスクリーム

(11) bicchiere ─ _____

(12) _____ ─ シャーベット

(13) _____ ─ フォーク

(14) padella ─ _____

(15) _____ ─ ミートボール（複数形）

(16) _____ ─ ラザニア

(17) _____ ─ ハム・サラミの盛り合わせ（複数形）

(18) sottaceti ─ _____

⒆ cucchiaio　　　　　　　　—　_____

⒇ coltello　　　　　　　　　—　_____

練習 2

　覚えた単語を確認してみましょう。左と右の意味が合うように、⑴〜㉕
の空欄に、イタリア語あるいは日本語の語彙を書き入れましょう。(→p.182)

⑴ spatola　　　　　　　　—　_____

⑵ _____　—　玉じゃくし

⑶ _____　—　箸

⑷ _____　—　揚げる

⑸ tagliare　　　　　　　　—　_____

⑹ sbucciare　　　　　　　—　_____

⑺ _____　—　みじん切りにする

⑻ _____　—　加熱調理する

⑼ a fuoco lento　　　　　—　_____

⑽ _____　—　オーブンで焼いた

⑾ _____　—　歯ごたえのある固さに

⑿ batticarne　　　　　　　—　_____

⒀ _____　—　おわん

⒁ _____　—　チーズ削り

⒂ _____　—　裏漉し

⒃ soffriggere　　　　　　—　_____

⒄ affettare　　　　　　　—　_____

⒅ _____　—　強火で

⒆ scolare　　　　　　　　—　_____

⒇ _____　—　ピーラー

⑵₁ _____ — （浅めの）鍋

⑵₂ pentola — _____

⑵₃ _____ — グリル

⑵₄ _____ — ウェルダンの

⑵₅ _____ — 味付けする

練習3

　以下の料理の単語のグループから、イタリア料理のコースメニューに応じて、「前菜」「第一の料理」「第二の料理」「付け合わせ」「デザート」に分けて書き入れましょう。(→p.182)

lasagne	spinaci al burro	bruschetta
macedonia	bistecca di maiale	cotoletta
risotto	torta della nonna	tortellini
patate al forno	fiori di zucca fritti	crostini
involtini	ribollita	zuppa inglese
prosciutto e melone	spigola alla griglia	

Antipasti	
Primi piatti	
Secondi piatti	
Contorni	
Dolci	

【応用トレーニング編】

練習1

　次の調理に関する語句の中から、下の単語リストの4項目に分類しましょう。(→p.183)

pizzico	friggere	impanare	mestolo
fetta	infarinare	tegame	sbucciare
tritare	etto	rosolare	spatola
bollire	arrostire	grigliare	goccio
padella	pentola	spicchio	affettare
saltare	scolapasta	litro	lavare
ciuffo			

下準備の表現	例) tagliare
調理法の表現	例) cuocere
調理器具	例) coltello
分量の表現	例) grammi

練習 2

(1)〜(10)の料理用語に対し、それを適切に説明する文を (a)〜(j) から選び
ましょう。(→p.183)

(1) sbucciare 　　　 [　　　　　　　　]

(2) soffriggere 　　 [　　　　　　　　]

(3) friggere 　　　　[　　　　　　　　]

(4) bollire 　　　　 [　　　　　　　　]

(5) rosolare 　　　　[　　　　　　　　]

(6) tritare 　　　　 [　　　　　　　　]

(7) in umido 　　　 [　　　　　　　　]

(8) ingredienti 　　 [　　　　　　　　]

(9) all'arrabbiata 　[　　　　　　　　]

(10) ripieno 　　　　[　　　　　　　　]

(a) Togliere la buccia a frutta e verdura.

(b) Serve per farcire molti alimenti tra cui carni, uova e ortaggi.

(c) Cuocere con molto olio molto caldo.

(d) Ridurre un cibo in piccoli pezzi tagliando.

(e) Le verdure, la carne o il pesce vengono cucinati in poca acqua e
talvolta con l'aggiunta di pomodoro.

(f) Cuocere con poco olio abbastanza caldo.

(g) Ogni elemento usato nella preparazione di un prodotto alimentare.

(h) Cuocere con acqua a più di novanta gradi.

(i) È un condimento per la pasta dal sapore piccante.

(j) Cuocere a fuoco lento una vivanda fino a ottenere una crosta dorata.

練習 3

次のレシピに関して、設問(1)と(2)に答えましょう。(→p.184)

Fettine di carne alla pizzaiola

設問(1)

材料の分量表を完成させるために(1)〜(5)に入る適切な語句を選択肢から選びましょう。

sotto sale	passata	sott'olio	fettine	spicchi

Ingredienti (per 3-4 persone)

- 600 grammi di (1)＿＿＿＿＿＿＿ di vitello o manzo
- 500 grammi di (2)＿＿＿＿＿＿＿ di pomodoro
- una manciata di olive (3)＿＿＿＿＿＿＿
- una manciata di capperi (4)＿＿＿＿＿＿＿
- 2 (5)＿＿＿＿＿＿＿ d'aglio
- origano q.b. (quanto basta)
- olio extra vergine d'oliva q.b.
- sale q.b.

設問⑵

　イラストに合う料理解説を完成させるために⑴～⑾に入る適切な語句を選択肢から選びましょう。

（すべての動詞は命令法 2 人称複数形に活用しています）			
preparate	sbattete	tenete	scaldate
mettetele	aggiustate	scottate	cuocete
lasciatela	rimettete	aggiungete	

〈Preparazione〉

1) (1) _____ le fettine con un batticarne o in alternativa con il dorso della lama di un coltello.

2) (2) _____ una padella con un filo d'olio e (3) _____ velocemente le fettine su entrambi i lati. E poi (4) _____ da parte.

3) (5) _____ la padella appena utilizzata e (6) _____ il sughetto, scaldando l'olio con l'aglio schiacciato. (7) _____ poi il pomodoro, le olive, i capperi dissalati e l'origano e poi

(8) _____ qualche minute.

4) (9) _____ la carne nella padella e (10) _____ in-

saporite per qualche minute a fuoco dolce, mescolando di tanto in

tanto finché il sugo sarà ristretto a sufficienza. (11) _____ di

sale a piacere e buon appetito!

練習 4

(1)〜(9)の用語に対する反意語(a)〜(i)を結びつけましょう。（→p.185）

(1) cotto	・	・ (a) cattivo	
(2) caldo	・	・ (b) maturo	
(3) buono	・	・ (c) surgelato	
(4) fresco	・	・ (d) insipido	
(5) dolce	・	・ (e) freddo	
(6) casareccio	・	・ (f) pesante	
(7) saporito	・	・ (g) crudo	
(8) leggero	・	・ (h) amaro	
(9) acerbo	・	・ (i) industriale	

練習 5

(1)〜(9)の用語に対する同意語(a)〜(i)を結びつけましょう。（→p.185）

(1) colare	・	・ (a) associare	
(2) annaffiare	・	・ (b) stendere	
(3) abbinare	・	・ (c) abbellire	
(4) forare	・	・ (d) voltare	
(5) adagiare	・	・ (e) filtrare	
(6) gustare	・	・ (e) avvolgere	
(7) arricchire	・	・ (g) bagnare	
(8) girare	・	・ (h) assaggiare	
(9) arrotolare	・	・ (i) bucare	

Capitolo 10

Animali
動物

覚えておきたい基本の単語

動物・生き物の名称　🔊 39

☐ ape	女 ミツバチ（vespa はスズメバチを表す）
☐ bovino	牛
☐ bue / manzo	食肉用の去勢した牛
☐ toro	去勢しない雄牛
☐ vacca	雌牛
☐ vacca da latte	乳飲みの雌牛
☐ mucca	乳牛
☐ vitello	仔牛（雌は vitella）
☐ bufalo	水牛（雌は bufala）
☐ cammello	ラクダ
☐ cane	男 犬（雌は cane femmina が一般的）
☐ cagnolino	小犬（cucciolo も小犬を表す）
☐ cavallo	馬
☐ cervo	鹿
☐ coccodrillo	ワニ
☐ alligatore	男（北米産）ワニ
☐ caimano	（中南米産）ワニ

☐ **coniglio**　　　　　ウサギ

☐ **elefante**　　　　　㊚ 象

☐ **farfalla**　　　　　蝶

☐ **foca**　　　　　　アザラシ

☐ **gatto**　　　　　　猫（gatta 雌猫）

☐ **giraffa**　　　　　キリン

☐ **leone**　　　　　　㊚ ライオン

☐ **lepre**　　　　　　㊛ 野ウサギ

☐ **libellula**　　　　トンボ

☐ **lucertola**　　　　トカゲ

☐ **lumaca**　　　　　カタツムリ

☐ **lupo**　　　　　　狼

☐ **maiale**　　　　　㊚ 豚、豚肉（porco, suino も「豚」の意味）

☐ **mammiferi**　　　㊙ 哺乳類

☐ **mosca**　　　　　ハエ

☐ **orso**　　　　　　熊

☐ **pecora**　　　　　羊

☐ **agnello**　　　　　仔羊

☐ **ragno**　　　　　　クモ

☐ **rana**　　　　　　蛙

☐ **rettile**　　　　　㊚ 爬虫類

☐ **scimmia**　　　　サル

☐ **serpente**　　　　㊚ 蛇

☐ **tartaruga**　　　　カメ

☐ **tigre**　　　　　　㊛ トラ

☐ **topo**　　　　　　ネズミ

☐ **volpe**　　　　　㊛ キツネ

☐ **zanzara**　　　　　蚊

犬の種類 🔊 40

☐ **barboncino**	（小型の）プードル
☐ **bassotto**	ダックスフント
☐ **cane lupo**	シェパード（pastore tedesco とも表す）
☐ **dalmata**	男 ダルメシアン
☐ **maltese**	男 マルチーズ
☐ **mastino**	マスティフ犬
☐ **levriero**	グレーハウンド
☐ **San Bernardo**	セントバーナード
☐ **volpino**	ポメラニアン

魚・海の生物の種類 🔊 41

☐ **anguilla**	ウナギ
☐ **balena**	クジラ
☐ **calamaro**	イカ（tonano もイカを表す）
☐ **seppia**	モンゴウイカ
☐ **conchiglia**	貝
☐ **costardella**	サンマ
☐ **cozza**	ムール貝
☐ **delfino**	イルカ
☐ **gambero**	エビ
☐ **gamberetto**	小エビ
☐ **aragosta**	伊勢エビ
☐ **granchio**	カニ
☐ **merluzzo**	タラ
☐ **baccalà**	塩漬けの干し鱈
☐ **orata**	鯛
☐ **pagro**	マダイ
☐ **pesce spada**	男 メカジキ

☐ **polpo**　タコ

☐ **rombo**　ヒラメ

☐ **salmone**　男 鮭

☐ **sardina / sarda**　イワシ

☐ **alice / acciuga**　カタクチイワシ

☐ **sgombro**　鯖（maccarello も鯖を表す）

☐ **sogliola**　舌平目

☐ **spigola**　スズキ

☐ **tonno**　マグロ

☐ **trota**　マス

☐ **vongola**　アサリ

鳥の種類　🔊 42

☐ **anatra**　アヒル

☐ **anatra selvatica**　鴨

☐ **aquila**　鷲

☐ **cigno**　白鳥

☐ **corvo**　カラス

☐ **falco**　鷹

☐ **gallo**　雄鶏

☐ **gallina**　雌鶏

☐ **pollo**　鶏、鶏肉

☐ **gabbiano**　カモメ

☐ **passero**　スズメ

☐ **pavone**　男 クジャク

☐ **piccione**　男 ハト（colombo もハトを表す）

☐ **rondine**　女 ツバメ

☐ **struzzo**　ダチョウ

語彙力アップの基本情報

◆変意名詞 その2

①増大・拡大を表す-one「大きな〜」「(程度が)強い〜」などのニュアンス
を与えます。

naso	鼻	➡ nasone	大きな鼻
scatola	箱	➡ scatolone	ダンボール箱
gambero	エビ	➡ gamberone	クルマエビ

②愛情を表す-uccio / -uccia「かわいらしい〜」というニュアンスを与え
ます。

| cavallo | 馬 | ➡ cavalluccio | 愛らしい子馬 |
| casa | 家 | ➡ casuccia | こぢんまりとした家 |

③軽蔑を表す-accio / -accia「ひどい〜」「みすぼらしい〜」などのニュア
ンスを与えます。

tempo	天気	➡ tempaccio	悪天候
parola	言葉	➡ parolaccia	きたない言葉
casa	家	➡ casaccia	

ここまでの語彙が身についたら、[練習コーナー] へ進みましょう。

語彙力アップの練習コーナー

【基本トレーニング編】

練習1

　覚えた単語を確認してみましょう。左と右の意味が合うように、(1)〜⒇ の空欄に、イタリア語あるいは日本語の語彙を書き入れましょう。(→p.185)

(1) gatto　　　　　　　　　—　＿＿＿＿＿＿＿＿＿＿＿

(2) cane　　　　　　　　　—　＿＿＿＿＿＿＿＿＿＿＿

(3) pecora　　　　　　　　—　＿＿＿＿＿＿＿＿＿＿＿

(4) ＿＿＿＿＿＿＿＿＿＿　—　野ウサギ

(5) ＿＿＿＿＿＿＿＿＿＿　—　ライオン

(6) giraffa　　　　　　　　—　＿＿＿＿＿＿＿＿＿＿＿

(7) elefante　　　　　　　—　＿＿＿＿＿＿＿＿＿＿＿

(8) ape　　　　　　　　　—　＿＿＿＿＿＿＿＿＿＿＿

(9) ＿＿＿＿＿＿＿＿＿＿　—　蝶

(10) ＿＿＿＿＿＿＿＿＿＿　—　ハエ

(11) cervo　　　　　　　　—　＿＿＿＿＿＿＿＿＿＿＿

(12) cavallo　　　　　　　—　＿＿＿＿＿＿＿＿＿＿＿

(13) ＿＿＿＿＿＿＿＿＿＿　—　ネズミ

(14) ＿＿＿＿＿＿＿＿＿＿　—　熊

(15) volpe　　　　　　　　—　＿＿＿＿＿＿＿＿＿＿＿

(16) ＿＿＿＿＿＿＿＿＿＿　—　蚊

(17) lupo　　　　　　　　　—　＿＿＿＿＿＿＿＿＿＿＿

⒅ coccodrillo ― ＿＿＿＿＿＿＿＿＿

⒆ ragno ― クモ

⒇ scimmia ― ＿＿＿＿＿＿＿＿＿

練習 2

覚えた単語を確認してみましょう。左と右の意味が合うように、⑴〜㉕の空欄に、イタリア語あるいは日本語の語彙を書き入れましょう。（→p.186）

⑴ rondine ― ＿＿＿＿＿＿＿＿＿

⑵ ＿＿＿＿＿＿＿＿＿ ― マグロ

⑶ ＿＿＿＿＿＿＿＿＿ ― カラス

⑷ anatra ― ＿＿＿＿＿＿＿＿＿

⑸ vongola ― ＿＿＿＿＿＿＿＿＿

⑹ ＿＿＿＿＿＿＿＿＿ ― カニ

⑺ ＿＿＿＿＿＿＿＿＿ ― 貝

⑻ calamaro ― ＿＿＿＿＿＿＿＿＿

⑼ aquila ― ＿＿＿＿＿＿＿＿＿

⑽ sardina ― ＿＿＿＿＿＿＿＿＿

⑾ ＿＿＿＿＿＿＿＿＿ ― 鮭

⑿ gambero ― ＿＿＿＿＿＿＿＿＿

⒀ ＿＿＿＿＿＿＿＿＿ ― クジラ

⒁ ＿＿＿＿＿＿＿＿＿ ― イルカ

⒂ sgombro ― ＿＿＿＿＿＿＿＿＿

⒃ passero ― ＿＿＿＿＿＿＿＿＿

⒄ ＿＿＿＿＿＿＿＿＿ ― カモメ

⒅ ＿＿＿＿＿＿＿＿＿ ― ムール貝

⒆ polpo ― ＿＿＿＿＿＿＿＿＿

⑳ anguilla　　　　　　　　—　_____

㉑ _____　　　—　ダチョウ

㉒ pavone　　　　　　　　—　_____

㉓ _____　　　—　マス

㉔ _____　　　—　ヒラメ

㉕ piccione　　　　　　　—　_____

練習3

　次の陸上生物の名称を選択肢から選んで書き入れましょう。なお、必要
のない単語も含まれているので、自分で判断しましょう。（→p.186）

cavallo	falco	orso	corvo
gabbiano	cervo	maiale	gatto
topo	volpe	leone	aquila
cane	pavone	rana	ape
farfalla	lumaca	tigre	ragno
cinghiale	cigno		

(1)

_____

(2)

_____

(3)

_____

(4)

_____

(5)

_____

(6)

_____

(7)

(8)

(9)

(10)

(11)

(12)

(13)

(14)

(15)

練習4

　次の海中生物の名称を選択肢から選んで書き入れましょう。なお、必要のない単語も含まれているので、自分で判断しましょう。（→p.186）

sardina	gambero	foca	vongola
pesce spada	anguilla	polpo	salmone
calamaro	rombo	seppia	balena
delfino	granchio	cozza	spigola
tonno			

(1)

(2)

(3)

(4)

(5)

(6)

(7)

(8)

(9)

(10)

(11)

(12)

【応用トレーニング編】

練習1

生物名(1)〜(9)と、その栖（すみか）や居場所の名称(a)〜(i)を結びつけましょう（→p.186）

(1) ape	・	・(a) tana
(2) topo	・	・(b) nido
(3) maiale	・	・(c) stalla
(4) gallina	・	・(d) pollaio
(5) cavallo	・	・(e) cuccia
(6) cocorita	・	・(f) alveare
(7) rondine	・	・(g) gabbia
(8) cane	・	・(h) mare
(9) pesce	・	・(i) porcile

練習2

(1)〜(8)の動物と、その比喩的特性や性質の描写を(a)〜(h)を結びつけましょう（ただし、イタリアの一般的見解に準ずる）。（→p.187）

(1) toro	・	・(a) prudenza
(2) lumaca	・	・(b) fedeltà
(3) cane	・	・(c) testardaggine
(4) volpe	・	・(d) pazienza
(5) serpente	・	・(e) forza
(6) leone	・	・(f) furbizia
(7) bue	・	・(g) falsità
(8) mulo	・	・(h) coraggio

練習 3

文意をよく考えながら、選択肢の語句を適切に入れて(1)～(5)の慣用表現
を完成させましょう。（→p.187）

tigre	orso	pesci	gatta	leone

(1) Alzati dormiglione! Lo sai che chi dorme non piglia _____!

(2) Stefania fa finta di essere ingenua per fare poi flirtare con tutti i raga-
zzi del gruppo.

È una _____ morta.

(3) Aspettiamo prima di festeggiare, non dobbiamo vendere la pelle
dell' _____ prima di averlo ucciso.

(4) Sandro è un campione e in queste gare ha fatto la parte del

_____.

(5) È una situazione molto difficile e pericolosa, servirebbe un uomo
capace e coraggioso per cavalcare la _____.

付録

レベルアップ語彙力トレーニング

　本編1〜10課の基礎語彙が身についた方は、さらに専門性を高めた特殊語彙にもチャレンジしてみましょう。ここではさまざまな専門分野に分け、実用的な語彙を集めました。以下のリストに並んだ単語を覚えてから、後半部分の基本トレーニングと応用トレーニングに取り組んでみてください。

植物

主な草・木・花など　🔊 43

☐ castagna	栗の実
☐ castagno	栗の木
☐ ciliegia	さくらんぼ
☐ ciliegio	桜の木
☐ cipresso	糸杉
☐ geranio	ゼラニウム
☐ gerbera	ガーベラ
☐ girasole	男 ヒマワリ
☐ giglio	ユリ
☐ pino	松
☐ pinolo	松の実
☐ pioppo	ポプラ

☐ **platano**　　　　　　プラタナス

☐ **rosa**　　　　　　　　バラ

☐ **tulipano**　　　　　　チューリップ

植物の部位　　　　　　　　　　　　🔊 44

☐ **bocciolo**　　　　　つぼみ

☐ **calice**　　　　　　㊚ 萼^{がく}

☐ **ceppo**　　　　　　（切り）株

☐ **foglia**　　　　　　葉

☐ **petalo**　　　　　　花びら、花弁

☐ **radice**　　　　　　㊛ 根

☐ **ramo**　　　　　　枝

☐ **spina**　　　　　　とげ

☐ **stelo**　　　　　　茎

☐ **tronco**　　　　　　幹

スポーツ

種目　　　　　　　　　　　　　　🔊 45

☐ **atletica leggera**　　陸上競技

☐ **maratona**　　　　　マラソン

☐ **staffetta**　　　　　リレー

☐ **calcio**　　　　　　サッカー

☐ **ciclismo**　　　　　自転車競技

☐ **danza aerobica**　　エアロビクスダンス

☐ **automobilismo**　　モータースポーツ

☐ **Formula 1（uno）**　F1

☐ **ginnastica**　　　　体操

☐ **lotta**　　　　　　レスリング

- [ ] **lotta libera** フリースタイル
- [ ] **nuoto** 水泳
- [ ] **pallamano** ハンドボール
- [ ] **pallacanestro** バスケットボール
- [ ] **pallanuoto** 水球
- [ ] **pallavolo** バレーボール
- [ ] **pattinaggio** スケート
- [ ] **pugilato** ボクシング（boxeとも表す）
- [ ] **regata** 漕艇、レガッタ
- [ ] **canottaggio** （カヌー等の）ボート漕ぎ
- [ ] **scherma** フェンシング
- [ ] **sci** 男 スキー

大会・試合などの名称 🔊 46

- [ ] **allenamento** 練習、トレーニング
- [ ] **campionato** 選手権、リーグ戦
- [ ] **gara** （水泳・陸上などの）試合、レース
- [ ] **incontro** （主に格闘技の）試合、対戦
- [ ] **partita** （主に球技の）試合、ゲーム
- [ ] **serie** 女 リーグ
- [ ] **torneo** トーナメント

◆球技や団体競技の場合はgiocare + a +〈種目名〉と表し、その他の場合にはfare（またはpraticare）+〈種目名〉とします。

I ragazzi stanno giocando a pallavolo sulla spiaggia.
男の子たちは砂浜でバレーボールをしています。

Da giovane mio padre faceva scherma.
父は若い頃、フェンシングをしていました。

学校・教育

学校の名称　　　　　　　　　　　　　　　◀))47

□ scuola elementare	小学校
□ scuola media	中学校
□ liceo	高校
□ liceo classico	文系高校
□ liceo scientifico	理系高校
□ liceo artistico	芸術系高校
□ università	大学
□ laurea	学士号（大学卒業資格）
□ dottorato di ricerca	博士課程

◆イタリアの教育制度は、小学校5年制、中学校3年制、高校5年制。高校は、技能別専門高校（istituto tecnico）と普通高校（liceo）に分かれ、普通高校では理系か文系かを選択します。

大学の主な学部　　　　　　　　　　　　　◀))48

□ Architettura	建築学部
□ Economia	経済学部
□ Farmacia	薬学部
□ Giurisprudenza	法学部
□ Ingegneria	工学部
□ Lettere e Filosofia	文哲学部
□ Medicina	医学部
□ Scienze Naturali	理学部
□ Scienze Politiche	政治学部

◆正式には、Facoltà di Medicina「医学部」のように表します。

主な科目の名称など　　🔊49

☐ arte	美術、芸術
☐ biologia	生物
☐ chimica	化学
☐ fisica	物理
☐ geografia	地理
☐ greco antico	古代ギリシャ語
☐ letteratura	文学
☐ latino	ラテン語
☐ matematica	数学
☐ musica	音楽
☐ storia	歴史

☐ borsa di studio	奨学金
☐ collegio	寄宿学校
☐ esame	男 試験
☐ Programma Erasmus	留学プログラム（通称「エラスムス」）
☐ residenza universitaria	大学の寮

コンピュータ・通信

パソコン・機器　　🔊50

☐ allegato	添付
☐ dato	データ
☐ archivio dati	データファイル
☐ cavo	ケーブル
☐ cavo LAN	LANケーブル
☐ televisione via cavo	ケーブルテレビ
☐ elaborazione	女 処理

☐ **elaborazione delle immagini**　画像処理

☐ **indirizzo**　アドレス

☐ **indirizzo e-mail**　メールアドレス

☐ **linea**　回線

☐ **linea digitale**　デジタル回線

☐ **memoria**　メモリー、記憶装置

☐ **mouse**　男 マウス

　例）cliccare con il pulsante sinistro del mouse
　　　マウスの左ボタンでクリックする

☐ **rete**　女 ネットワーク、通信網

　例）Ho fatto una ricerca in rete　ネットで検索した

☐ **ricerca**　検索

☐ **motore di ricerca**　検索エンジン

☐ **salvataggio**　保存

☐ **schermo**　モニター、スクリーン

☐ **sito**　ウェブサイト

☐ **sito Internet**　インターネットのホームページ

☐ **sito ufficiale**　公式サイト

☐ **tasto**　（キーボードの）キー

☐ **tastiera**　キーボード

操作
◀))51

☐ **accedere**　アクセスする

　例）accedere al sito dell'hotel
　　　ホテルのホームページにアクセスする

☐ **copiare**　コピーする

☐ **cliccare**　クリックする

☐ **incollare**　ペーストする

☐ **inserire**　入力する

☐ **navigare**　情報検索する

例）navigare su / in Internet　ネットサーフィンする
- □ **ricercare** 検索する
- □ **scaricare** ダウンロードする
- □ **stampare** プリントアウトする、印刷する

書物・文房具　◀)) 52

- □ **astuccio / portapenne** 男 ペンケース、筆箱
- □ **biro** 女 ボールペン
- □ **cartella** ファイル
- □ **colla** のり
- □ **compasso** コンパス
- □ **dizionario** 辞書
- □ **enciclopedia** 百科事典
- □ **evidenziatore** 男 蛍光マーカー
- □ **fermacarte** 男 ペーパーウェイト
- □ **forbici** 複 はさみ
- □ **gomma da cancellare** 消しゴム
- □ **inchiostro** インク
- □ **matita** 鉛筆
- □ **metro** 巻尺、メジャー
- □ **nastro adesivo** セロハンテープ
- □ **penna** ペン
- □ **penna cancellabile** 消せるボールペン（フリクションペン）
- □ **penna stilografica** 万年筆
- □ **post it** 男 付箋
- □ **quaderno** ノート
- □ **righello** 定規
- □ **segnalibro** しおり
- □ **spillatrice** 女 ホチキス
- □ **taglierino** カッター

☐ **temperamatite**　　　㊚ 鉛筆削り

音楽・楽器

楽器　　🔊 53

☐ batteria	ドラム
☐ chitarra	ギター
☐ chitarra elettrica	エレキギター
☐ basso	ベースギター
☐ flauto	フルート
☐ organo	オルガン
☐ piano / pianoforte	ピアノ
☐ sassofono	サックス
☐ tamburo	太鼓
☐ percussioni	㊹ パーカッション
☐ tromba	トランペット
☐ trombone	トロンボーン
☐ viola	ヴィオラ
☐ violino	ヴァイオリン
☐ violoncello	チェロ

演奏会など　　🔊 54

☐ concerto	演奏会、コンサート
☐ duo	二重奏、デュオ
☐ direttore	㊚ 指揮者（㊛ direttrice）
☐ musica classica	クラシック音楽
☐ musica pop	ポップス
☐ musica rock	ロック
☐ orchestra	オーケストラ

☐ orchestra sinfonica	交響楽団
☐ quartetto	四重奏、クァルテット
☐ quartetto d'archi	弦楽四重奏
☐ trio	三重奏、トリオ

健康・医療

専門医 ◀)) 55

☐ chirurgo	外科医
☐ dermatologo	皮膚科医
☐ ginecologo	婦人科医
☐ internista	内科医
☐ oculista	眼科医
☐ ostetrico	産科医
☐ otorinolaringoiatra	耳鼻咽喉科医
☐ psichiatra	精神科医
☐ veterinario	獣医

病名・症状など ◀)) 56

☐ antibiotico	抗生物質
☐ bruciatura	やけど
☐ scottatura	軽いやけど
☐ crosta	かさぶた
☐ dente cariato	虫歯
☐ diarrea	下痢
☐ febbre	⑤ 熱
☐ frattura	骨折
☐ gonfiore	⑨ 水ぶくれ
☐ graffio	すり傷

☐ infiammazione	𝑓 炎症
☐ influenza	インフルエンザ
☐ influenza aviaria	鳥インフルエンザ
☐ influenza suina	豚インフルエンザ
☐ nuova influenza	新型インフルエンザ
☐ iniezione	𝑓 注射
☐ vaccinazione	予防接種
☐ nausea	吐き気
☐ raffreddore	𝑚 風邪
☐ taglio	切り傷
☐ tosse	𝑓 咳
☐ vaccino	ワクチン
☐ vertigine	𝑓 めまい
☐ virus	𝑚 ウイルス
☐ nuovo coronavirus	新型コロナウイルス

政治・経済　　◀)) 57

☐ ambasciata	大使館
☐ assessore	𝑚 評議員
☐ attentato	テロ行為
☐ borsa	株
☐ campagna elettorale	選挙運動
☐ cancelliere	𝑚 長官
☐ consigliere	𝑚 参事
☐ elezioni	𝑝𝑙 選挙
☐ esportazione	𝑓 輸出
☐ governo	政府
☐ importazione	𝑓 輸入
☐ manifestazione	𝑓 デモ
☐ militare	𝑚 軍人

☐ esercito	軍隊（陸軍）
☐ ministro	閣僚
☐ partito	政党
☐ politico	政治家
☐ premier	男 女 首相
☐ presidente	男 女 大統領
☐ referendum	男 国民投票
☐ sciopero	ストライキ
☐ sindaco	市長
☐ tasse	複 税
☐ terrorismo	テロ
☐ votazione	女 投票

金融・郵便　🔊 58

☐ banca	銀行
☐ bilancio	予算
☐ bilancio preventivo	歳出入予算
☐ bilancio consuntivo	決算
☐ bonifico	送金
☐ cartolina	はがき
☐ cassiere	男 出納係
☐ conto	口座、勘定、会計
☐ deposito	預け入れ
☐ espresso	速達
☐ espresso via aerea	航空速達
☐ fattura	請求書
☐ finanziamento	資金調達
☐ francobollo	切手
☐ insoluto	未払い金
☐ investimento	投資

□ **lettera** 　　　　　手紙
□ **marca da bollo** 　収入印紙
□ **pacco** 　　　　　荷物、小包
□ **prelievo** 　　　　引き出し
□ **prestito** 　　　　貸付、ローン
□ **raccomandata** 　書留郵便
□ **rate** 　　　　　㊋ 月賦、分割払い
□ **residuo** 　　　　残高
□ **ricevuta** 　　　　受領証、領収証
□ **spedizione** 　　㊛ 発送
□ **tasso d'interesse** 利率
□ **ufficio postale** 　郵便局
□ **voucher** 　　　　㊚ 領収証、クーポン券

語彙力アップの練習コーナー

【基本トレーニング編】

専門語彙リストにある単語から、ランダムに出題します。

覚えた単語を確認してみましょう。左と右の意味が合うように、(1)～(20)の空欄に、イタリア語あるいは日本語の語彙を書き入れましょう。

練習1　(→p.187)

(1) _____ ─ サッカー

(2) _____ ─ 物理

(3) _____ ─ 定規

(4) febbre ─ _____

(5) chitarra ─ _____

(6) _____ ─ 銀行

(7) _____ ─ 大学

(8) nuoto ─ _____

(9) girasole ─ _____

(10) foglia ─ _____

(11) _____ ─ スキー

(12) letteratura ─ _____

(13) astuccio ─ _____

(14) _____ ─ コンサート

(15) _____ ─ 松

(16) _____ ─ 切手

(17) ambasciata ─ _____

⒅ tosse　　　　　　　　 — _____

⒆ violino　　　　　　　 — _____

⒇ penna stilografica　 — _____

練習 2 　（→ p.188）

⑴ _____ — 風邪

⑵ _____ — 体操

⑶ _____ — 奨学金

⑷ radice　　　　　　　 — _____

⑸ forbici　　　　　　　 — _____

⑹ _____ — 太鼓

⑺ _____ — 注射

⑻ sciopero　　　　　　 — _____

⑼ investimento　　　　 — _____

⑽ _____ — オーケストラ

⑾ _____ — ノート

⑿ musica　　　　　　　 — _____

⒀ liceo　　　　　　　　 — _____

⒁ _____ — レース、競走

⒂ ramo　　　　　　　　 — _____

⒃ ciliegio　　　　　　　 — _____

⒄ _____ — 大統領

⒅ governo　　　　　　 — _____

⒆ _____ — 郵便局

⒇ _____ — 吐き気

練習3 (→p.188)

(1) lettera — _____

(2) sindaco — _____

(3) stelo — _____

(4) _____ — 自転車競技

(5) _____ — 医学部

(6) _____ — データ

(7) flauto — _____

(8) dizionario — _____

(9) frattura — _____

(10) fattura — _____

(11) _____ — 税

(12) _____ — 輸入

(13) _____ — ユリ

(14) pattinaggio — _____

(15) partita — _____

(16) _____ — 政党

(17) _____ — 建築学部

(18) _____ — ネットワーク

(19) colla — _____

(20) enciclopedia — _____

練習4 (→p.188)

(1) inchiostro — _____

(2) tromba — _____

(3) _____ — 外科医

(4) _____ ―　閣僚

(5) conto ―　_____

(6) _____ ―　クリックする

(7) pallavolo ―　_____

(8) spina ―　_____

(9) pioppo ―　_____

(10) _____ ―　法学部

(11) scuola elementare ―　_____

(12) accedere ―　_____

(13) temperamatite ―　_____

(14) violoncello ―　_____

(15) _____ ―　抗生物質

(16) _____ ―　デモ

(17) ricevuta ―　_____

(18) cipresso ―　_____

(19) _____ ―　株（植物）

(20) _____ ―　株（金融）

練習 5 （→ p.188）

(1) _____ ―　国民投票

(2) _____ ―　指揮者（男）

(3) nastro adesivo ―　_____

(4) copiare ―　_____

(5) incollare ―　_____

(6) _____ ―　栗の木

(7) _____ ―　つぼみ

(8) atletica leggera — _____

(9) pugilato — _____

(10) Ingegneria — _____

(11) _____ — 化学

(12) elaborazione delle immagini — _____

(13) _____ — 蛍光マーカー

(14) _____ — 下痢

(15) _____ — 内科医

(16) elezioni — _____

(17) otorinolaringoiatra — _____

(18) _____ — ダウンロードする

(19) infiammazione — _____

(20) _____ — モータースポーツ

【応用トレーニング編】

左列(1)〜(10)と同じジャンルの単語を、選択肢から選び、右列の空欄に書き入れましょう（例：penna—quaderno ※ペンとノートは文房具同士）。

練習1 (→ p.189)

lettera	politico	matita	navigare
bruciatura	lotta	ceppo	campionato
rosa	viola		

(1) pugilato [　　　　　　]

(2) sito [　　　　　　]

(3) biro [　　　　　　]

(4) chitarra   [   ]

(5) gonfiore   [   ]

(6) sindaco   [   ]

(7) cartolina   [   ]

(8) serie   [   ]

(9) geranio   [   ]

(10) tronco   [   ]

練習2　(→p.189)

puntatrice	assessore	deposito	psichiatra
cavo	batteria	trio	liceo
matematica	nausea		

(1) prelievo   [   ]

(2) consigliere   [   ]

(3) vertigine   [   ]

(4) chirurgo   [   ]

(5) duo   [   ]

(6) percussioni   [   ]

(7) compasso   [   ]

(8) linea digitale   [   ]

(9) geografia   [   ]

(10) scuola media   [   ]

練習3　（→ p.189）

crosta	foglia	nastro adesivo	campagna elettorale
tastiera	fisica	dermatologo	università
prestito	incontro		

(1) schermo [　　　　　]

(2) votazione [　　　　　]

(3) rate [　　　　　]

(4) taglio [　　　　　]

(5) ginecologo [　　　　　]

(6) biologia [　　　　　]

(7) laurea [　　　　　]

(8) scherma [　　　　　]

(9) petalo [　　　　　]

(10) gomma da cancellare [　　　　　]

練習4　（→ p.190）

letteratura	organo	calice	tosse
oculista	inserire	partita	consigliere
enciclopedia	raccomandata		

(1) tasto [　　　　　]

(2) dizionario [　　　　　]

(3) pianoforte [　　　　　]

(4) ostetrico [　　　　　]

(5) raffreddore [　　　　　]

(6) ministro [　　　　　]

(7) espresso 　　　　[　　　　　　　]

(8) storia 　　　　[　　　　　　　]

(9) torneo 　　　　[　　　　　　　]

(10) radice 　　　　[　　　　　　　]

練習 5 　(→ p.190)

attentato	metro	cliccare	economia
internista	sassofono	iniezione	tasso di interesse
regata	cipresso		

(1) automobilismo 　　　　[　　　　　　　]

(2) scienze politiche 　　　　[　　　　　　　]

(3) motore di ricerca 　　　　[　　　　　　　]

(4) trombone 　　　　[　　　　　　　]

(5) ginecologo 　　　　[　　　　　　　]

(6) terrorismo 　　　　[　　　　　　　]

(7) platano 　　　　[　　　　　　　]

(8) righello 　　　　[　　　　　　　]

(9) vaccino 　　　　[　　　　　　　]

(10) investimento 　　　　[　　　　　　　]

解答

Capitolo 1

【基本トレーニング編】

練習 1

(1) 女 　　(2) nome 　　(3) signore 　　(4) こんばんは

(5) Buonanotte 　　(6) 男 　　(7) 名字、ファミリーネーム

(8) Piacere 　　(9) さようなら 　　(10) signorina

練習 2

(1) お元気ですか？ 　　(2) Ci vediamo 　　(3) Buon appetito

(4) 男性の 　　(5) あとでね 　　(6) A presto

(7) femminile 　　(8) クリスマスおめでとう 　　(9) Come stai?

(10) 旅行を楽しんでね

練習 3

名前：Davide, Andrea, Lorena, Giovanni, Simone, Irene

苗字：Moretti, Colombo, Costa, De Mauro, Gentile, Rossi

練習 4

男性：Mattia, Luigi, Michele, Andrea, Nicola, Davide, Daniele, Luca, Nanni

女性：Beatrice, Alessia, Lucia, Adele, Olga, Teresa, Irene

練習 5

(1) Ciao, <u>Matteo</u>! 　　(2) Ciao, <u>Cesare</u>! 　　(3) Ciao, <u>Agnese</u>!

＊下線部の名前が入っていれば、(1)〜(3)の順番に関わらず正解

練習 6

(1) Buongiorno, signorina <u>Conte</u>.

(2) Buongiorno, signor <u>Esposito</u>.

(3) Buongiorno, signor <u>De Luca</u>.

(4) Buongiorno, signora <u>Costa</u>.

＊(2)と(3)は下線部の名前が入っていれば、順番に関わらず正解

【応用トレーニング編】

練習1

(1) palermitano   ジュリオはパレルモ出身です。彼はパレルモ人です。
(2) torinese   ニコーラはトリノ出身です。彼はトリノ人です。
(3) napoletana   マリアンナはナポリ出身です。彼女はナポリ人です。
(4) cagliaritano   ルイージはカリアリ出身です。彼はカリアリ人です。
(5) veneziana   ルチーアはヴェネツィア出身です。彼女はヴェネツィア人です。
(6) vicentino   マルコはヴィチェンツァ出身です。彼はヴィチェンツァ人です。

練習2

(1) parigina   私はパリの雰囲気が大好きです。
(2) londinese   私はロンドンのヒースロー空港に着陸しました。
(3) viennese   私はウィーンのワルツ（ウインナ・ワルツ）を踊るのが大好きです。
(4) newyorkese   ロバートはまさに典型的なニューヨークの住人です。
(5) i madrileni   マドリードの住人はお祭りをとても愛しています。

練習3

(1)	Brasile ブラジル	il portoghese ポルトガル語
(2)	Messico メキシコ	lo spagnolo スペイン語
(3)	Grecia ギリシャ	il greco ギリシャ語
(4)	Polonia ポーランド	il polacco ポーランド語
(5)	Austria オーストリア	il tedesco ドイツ語
(6)	Russia ロシア	il russo ロシア語
(7)	Australia オーストラリア	l'inglese 英語
(8)	Svezia スウェーデン	lo svedese スウェーデン語

(9)	Romania ルーマニア	il romeno ルーマニア語
(10)	Danimarca デンマーク	il danese デンマーク語

(1) nome　　　　　　　(2) cognome　　　　　　(3) lingue

(4) indirizzo　　　　　　(5) telefonico　　　　　　(6) arrivederLa

Ⅰ：こんにちは。あなたのお名前をお願いします。

Ｒ：私の名前はマーラ・クトゥリーノといいます。

Ⅰ：すみませんが、名字がわかりませんでした。

Ｒ：クトゥリーノです。

Ⅰ：ク、トゥリー、ノですね。あなたはどこの出身ですか？

Ｒ：私はブラジル人です。リオ・デ・ジャネイロの出身です。

Ⅰ：何語を話しますか？

Ｒ：ポルトガル語と英語とイタリア語です。私の祖父母はイタリア人なんです。

Ⅰ：なるほど、わかりました。では、あなたの住所は？

Ｒ：私はジョット通りの23番に住んでいます。

Ⅰ：電話の連絡先もいただけますか？

Ｒ：0991-896754

Ⅰ：結構です、ありがとう。これでぜんぶです。

Ｒ：こちらこそありがとうございます、さようなら。

(1) 名前　　　　(a) 任命　　　　　**(b) 氏名**　　　　(c) 名前の

(2) 電話番号　　**(a) 電話の連絡先**　(b) 携帯電話　　　(c) 公衆電話

(3) 住所　　　　(a) 家　　　　　**(b) 住所**　　　　(c) 住居

(4) 国籍　　　　(a) 祖先　　　　**(b) 市民権、国籍**　(c) 民族

(5) 誕生日　　　(a) 起源　　　　(b) 記念日　　　**(c) 生誕の日付**

Capitolo 2
【基本トレーニング編】

練習1

(1) cameriere (2) コック、調理師 (3) 教師

(4) poliziotto (5) studente (6) 肉屋さん

(7) 医者 (8) farmacista (9) architetto

(10) 弁護士 (11) dentista (12) 記者、ジャーナリスト

(13) infermiera (14) 会社員 (15) 歌手

(16) attrice (17) ケーキ屋さん、パティシエ

(18) stilista (19) 作家 (20) regista

練習2

(1) libreria (2) mercato (3) 銀行

(4) 薬局 (5) 病院 (6) ristorante

(7) ufficio (8) 会社 (9) scuola

(10) fabbrica (11) 劇場 (12) edicola

(13) スーパーマーケット (14) デパート (15) profumeria

(16) pizzeria (17) ショッピングセンター (18) ワイン店、ワイン販売所

(19) autofficina (20) cartoleria

練習3

(1) cuoco (2) postino (3) pescatore (4) insegnante

(5) studentessa (6) poliziotto (7) farmacista (8) meccanico

練習4

(1) ピザ pizzaiolo

(2) 花 fioraio

(3) アイスクリーム gelataio

(4) 絵 pittore

(5) 小説 scrittore

(6) 肉 macellaio

(7) お菓子　　　　　　　　　　pasticciere

(8) 建物　　　　　　　　　　　architetto

(9) イブニング・ドレス　　　　stilista

(10) カプチーノ　　　　　　　　barista

(11) 靴　　　　　　　　　　　　calzolaio

(12) 映画　　　　　　　　　　　regista

【応用トレーニング編】

練習1

(1) 医者	**(a) 病院**	(b) 教会	(c) 商店
(2) 肉屋	(a) 果物	(b) チーズ	**(c) 肉**
(3) 美容師	(a) 帽子	**(b) 髪の毛**	(c) 歌
(4) 写真家	(a) 寝室	(b) 浴室	**(c) スタジオ**
(5) 作家	(a) 試験	**(b) 小説**	(c) 遺言（状）
(6) パイロット	**(a) 飛行機**	(b) 馬	(c) エレベーター
(7) バリスタ	(a) 薬	(b) 靴	**(c) コーヒー**
(8) 農民	**(a) 鍬**	(b) ギター	(c) スコア（総譜）

練習2

(1) Il [cuoco] sta per <u>cucinare</u> la carne.
　　コックさんは肉を料理しようとしている。

(2) La [farmacista] sta per <u>preparare</u> la medicina.
　　薬剤師は薬を用意しようとしている。

(3) Il [poliziotto] sta per <u>arrestare</u> il ladro.
　　警官は泥棒を逮捕しようとしている。

(4) Il [postino] sta per <u>portare</u> le lettere.
　　郵便配達人は手紙を届けようとしている。

(5) Il [meccanico] sta per <u>riparare</u> la macchina.
　　整備士は車を修理しようとしている。

(6) Il [pescatore] sta per <u>andare</u> al mare.
　　漁師は海へ行こうとしている。

(7) L'[insegnante] sta per <u>insegnare</u> la matematica.

教師は数学を教えようとしている。

(8) La [studentessa] sta per <u>fare</u> i compiti.

学生は宿題をしようとしている。

練習 3

(1) 演じる	(a) 写真家	**(b) 俳優**	(c) 銀行員
(2) 創造する	**(a) 芸術家**	(b) 歯医者	(c) 秘書
(3) 建設する	(a) 看護師	**(b) 建築家**	(c) 通訳
(4) 旅行する	**(a) ツアーガイド**	(b) 管制官	(c) 審判
(5) 耕作する	(a) 作家	(b) 彫刻家	**(c) 農民**
(6) 演奏する	**(a) 音楽家**	(b)（マスコミの）記者	(c) 歯医者
(7) 書く	**(a) 記者**	(b) 猟師	(c) 航海士
(8) 話す	(a) ダンサー	**(b) 声優**	(c) 修道士

練習 4

会社員	impiegato
店員	commessa
料理人、コック	cuoca
年金受給者	pensionato
秘書	segretaria
給仕	cameriere
看護師	infermiera
美容師	parrucchiere
教師	insegnante
画家	pittrice
俳優	attore
音楽家	musicista
バールの主人	barista

練習 5

(1) 医者	(a) 修理する	(b) 洗う	**(c) 治療する**
(2) 歌手	**(a) 歌う**	(b) 演奏する	(c) 作曲する
(3) 警察官	**(a) 捜査する**	(b) 殺す	(c) 計算する

(4) 主婦	(a) 旅行する	**(b) 洗濯する**	(c) 夜更かしする
(5) 運転手	**(a) 運転する**	(b) 滑る	(c) スキーをする
(6) パン職人	(a) 皮をむく	(b) 煮る	**(c) 焼く**
(7) 記者、ジャーナリスト	(a) 叫ぶ	**(b) インタビューする**	(c) 殴る
(8) 技師	**(a) 修理する**	(b) 居残る	(c) マッサージする

練習6

(1) Il meccanico (e) sta per controllare il motore.
　　整備士はエンジンを点検しようとしている。

(2) Il chirurgo (d) sta per fare un'operazione.
　　外科医は手術をしようとしている。

(3) Il pompiere (a) sta per estinguere un incendio.
　　消防士は火事を消そうとしている。

(4) La parrucchiera (g) sta per fare una messa in piega.
　　美容師は髪をセットしようとしている。

(a) sta per estinguere un incendio	火事を消そうとしている
(b) sta per preparare una torta	ケーキを作ろうとしている
(c) sta per cominciare la lezione	授業を始めようとしている
(d) sta per fare un'operazione	手術しようとしている
(e) sta per controllare il motore	エンジンを点検しようとしている
(f) sta per curare un dente	歯を治療しようとしている
(g) sta per fare una messa in piega	髪をセットしようとしている

練習7

(1) Sono commessa. Mi interessa molto la moda. Lavoro in una boutique a Firenze.
　　私は店員です。ファッションにとても興味があります。フィレンツェのブティック
　　で働いています。

(2) Luisa è una brava pasticciera. Lavora in un ristorante di lusso.
　　ルイーザは腕のよいパティシエです。彼女は高級レストランで働いています。

(3) Faccio il giornalista. Di solito scrivo degli articoli per una casa editrice a Roma.
　　私はジャーナリストです。普段はローマの出版社に記事を書いています。

(4) Francesca è impiegata. Lavora presso una ditta a Milano. Praticamente è in repar-

to commerciale.

フランチェスカは会社員です。彼女はミラノの会社に勤めています。実際には、貿易部にいます。

(5) Faccio l'insegnante. Insegno l'inglese e lo spagnolo. Lavoro in una <u>scuola</u> di lingue.

私は教師をしています。英語とスペイン語を教えています。語学学校で働いています。

(6) Mio zio è operaio. Da giovane fa il saldatore. Adesso lavora presso una <u>fabbrica</u> di automobili.

私の叔父は工員です。若い頃から溶接工をしていました。今は、自動車工場で働いています。

(7) Antonio è sommelier. Non lavora per conto d'altri. Gestisce da solo un'<u>enoteca</u>.

アントニオはソムリエです。人に雇われて働いてはいません。自分でワイン店を経営しています。

Capitolo 3
【基本トレーニング編】

練習1

(1) bagno	(2) シャワー	(3) 車庫	(4) cucina
(5) ingresso	(6) 階段	(7) 天井	(8) tenda
(9) monolocale	(10) 屋根	(11) studio	(12) 寝室
(13) appartamento	(14) クローゼット	(15) 暖炉	(16) corridoio
(17) テラス	(18) vasca da bagno	(19) persiana	(20) 欄干

練習2

(1) finestra	(2) armadio	(3) ソファー	(4) オーブン
(5) 洗濯機	(6) lavastoviglie	(7) frigorifero	(8) ベッド
(9) secchio	(10) tavolo	(11) タオル	(12) coperta
(13) 椅子	(14) 鏡	(15) poltrona	(16) aspirapolvere
(17) コンロ	(18) ごみ箱	(19) asciugacapelli	(20) accappatoio

練習 3

(1) bagno　バスルーム

(2) studio　書斎

(3) camera（da letto）　寝室

(4) corridoio　廊下

(5) soggiorno　リビングルーム

(6) terrazzo　テラス

(7) giardino　庭

(8) sala da pranzo　ダイニングルーム

(9) cucina　台所

(10) cantina　（地下の）ワイン貯蔵庫

練習 4

① gabinetto　便器

② rubinetto　蛇口

③ lavatrice　洗濯機

④ doccia　シャワー

⑤ vasca da bagno　浴槽

⑥ scrivania　書き物机

⑦ cestino　ごみ箱

⑧ sedia　椅子

⑨ libreria　書棚

⑩ poltrona　（一人用の）肘掛けソファー

⑪ letto　ベッド

⑫ coperta　掛け布団

⑬ lampada　電灯

⑭ comodino　（ベッド脇の）ナイトテーブル

⑮ armadio　洋服だんす

⑯ camino　暖炉

⑰ tappeto　カーペット

⑱ tavolino　小テーブル

⑲ cuscino　クッション

⑳ divano　ソファー

㉑ tenda　カーテン

㉒ finestra　窓

㉓ scaffale　棚

㉔ tavolo　テーブル

㉕ persiana　よろい戸、ブラインド

㉖ frigorifero　冷蔵庫

㉗ forno　オーブン

㉘ fornello　コンロ

㉙ lavello　（台所の）流し台

㉚ lavastoviglie　食洗機

練習 5

① bicchiere グラス

② forchetta フォーク

③ tovagliolo ナプキン

④ piatto 皿

⑤ coltello ナイフ

⑥ cucchiaio スプーン

⑦ bottiglia ボトル

⑧ secchio vino ワインクーラー（バケツ型）

⑨ cavatappi コルク栓抜き

⑩ tovaglia テーブルクロス

解 答

【応用トレーニング編】

練習 1

(1) 体を洗う	(a) 洗濯機	(b) 箒	**(c) シャワー**
(2)（濡れた）体を拭く	**(a) バスローブ**	(b) エアコン	(c) 扇風機
(3) 暮らす	**(a) ワンルーム**	(b) 車庫	(c) クローゼット
(4) 自分の姿を見る	(a) ブラシ	**(b) 鏡**	(c) カレンダー
(5) 点ける	(a) ドライバー	(b) スリッパ	**(c) 暖房**
(6) 冷やす	(a) 時計	**(b) 冷蔵庫**	(c) 自動湯沸かし器
(7) 掃除する	**(a) 掃除機**	(b) トースター	(c) 口紅
(8) リラックスする	(a) 物置	**(b) 肘掛け椅子**	(c) 更衣室

練習 2

(1) cucchiaio	スープを食べるのに、スプーンを使います。
(2) coltello, forchetta	ステーキを食べるのに、ナイフとフォークを使います。
(3) forchetta	パスタを食べるのに、フォークだけ使います。
(4) bicchiere	ワインを飲むのに、グラスを使います。
(5) cavatappi	ワインのボトルを開けるのに、（コルク）栓抜きを使います。
(6) tovagliolo	口を拭くのに、ナプキンを使います。
(7) secchio vino	ボトルを冷やすために、それをワインクーラーに入れます。
(8) tovaglia	テーブルをきれいにしておくために、テーブルクロスを使います。

練習 3

(1) Vado a <u>preparare</u> la pasta in [cucina].

(2) Vado a <u>dormire</u> in [camera].

(3) Vado a <u>assaggiare</u> il vino in [cantina].

(4) Vado a <u>mettere</u> le camice nell' [armadio].

(5) Vado a <u>lavarmi</u> le mani in [bagno].

(6) Vado a <u>controllare</u> il programma per domani nello [studio].

(7) Vado a <u>annaffiare</u> in [giardino].

(8) Vado a <u>rilassarmi</u> sul [terrazzo].

練習4

(1) cucinare 料理をする
(2) fare le pulizie 掃除をする
(3) stirare アイロンをかける
(4) cucire 縫い物をする
(5) fare il bucato 洗濯をする
(6) fare la spesa （食材などの）買い物をする
(7) rifare il letto ベッドメーキングする
(8) lavorare a maglia 編み物をする

練習5

(1) Sulle sponde del lago c'è **una nebbia che si taglia col coltello**.

湖畔には濃い霧が出ている。（太字部分の直訳：ナイフで切れるほどの霧）

(2) Emilia non fa altro che **buttare soldi dalla finestra**.

エミリアはお金を湯水のように使うことしかしない。（太字部分の直訳：お金を窓から捨てる）

(3) Luigi ci ha messo più di cinque anni per comporre il suo libro. E oggi finalmente la sua opera è **venuta alla luce**.

ルイージは自分の作品を書くのに5年以上も費やした。そして今日、ついに彼の作品は出版された。（太字部分の直訳：日の目を見た）

(4) Silvia non viene più a cena da noi. Secondo me **ha un scheletro nell'armadio**.

シルヴィアはもう私たちのところに夕食に来ない。思うに、彼女は隠し事があるんだ。（太字部分の直訳：たんすに骸骨を入れている）

(5) Ritengo che su questioni di tale importanza dovremmo tutti **mettere le carte in tavola**.

そのように重要な問題には、私たちの誰もが、隠し立てをしない方がよいと考える。（太字部分の直訳：手持ちのカードをテーブルに出す）

(6) Sin da bambina **il mio sogno nel cassetto** è stato quello di diventare una pianista.

子供の頃からの私の密かな大切な夢はピアニストになることだった。（太字部分の直訳：引き出しにしまった夢）

Capitolo 4
【基本トレーニング編】

練習1

(1) 広場	(2) museo	(3) parco	(4) 泉
(5) 教会	(6) strada	(7) 案内所	(8) 城
(9) ponte	(10) 聖堂	(11) lampione	(12) 横断歩道
(13) bicicletta	(14) teatro	(15) 地下鉄	(16) バス
(17) nave	(18) 高速道路	(19) passeggero	(20) treno

練習2

(1) stazione	(2) porto	(3) aeroporto	(4) 切符売り場
(5) 税関	(6) fermata	(7) elicottero	(8) 交差点
(9) semaforo	(10) 歩道	(11) 駐車場	(12) 道路標識
(13) 運転免許	(14) 一方通行	(15) andata e ritorno	(16) angolo
(17) 通り	(18) 安全ベルト（シートベルト）		(19) tangenziale
(20) タバコ屋			

練習3

① fermata dell'autobus バス停　　② marciapiede 歩道
③ corsia 車線　　④ strisce pedonali 横断歩道
⑤ incrocio 交差点　　⑥ semaforo 信号
⑦ segnale stradale 道路標識　　⑧ parchimetro パーキングメーター

練習4

① [Duomo] di Napoli　　ナポリのドゥオーモ
② [Basilica] di San Lorenzo Maggiore　サン・ロレンツォ・マッジョーレ聖堂
③ [Museo] Archeologico Nazionale　国立考古学博物館
④ [Galleria] Umberto I　ウンベルト1世のアーケード
⑤ [Castel] Nuovo　ヌオーヴォ城
⑥ [Palazzo] Reale　王宮
⑦ [Teatro] San Carlo　サン・カルロ劇場

⑧ [Funicolare] di Montesanto モンテサントのケーブルカー
⑨ [Stazione] Centrale 中央駅
⑩ [Piazza] Garibaldi ガリバルディ広場

【応用トレーニング編】

練習1

(1) aereo 飛行機	carta d'imbarco 搭乗カード—pilota パイロット—aeroporto 空港
(2) nave 船	stazione marittima 海港—cuccetta 寝台—marinaio 船員
(3) treno 電車	binario ホーム—vagone letto 寝台車—controllore 車掌、検札係
(4) autobus バス	fermata 停留所—conducente 運転手—corsia preferenziale 優先レーン
(5) macchina 車	cintura di sicurezza 安全ベルト—patente di guida 運転免許—parcheggio 駐車場
(6) autoambulanza 救急車	pronto soccorso 救急病院—sirena サイレン—infermiere 看護師

練習2

(1) ペダルを踏む (a)（観光）バス **(b) 自転車** (c) オートバイ
(2)（電話で）呼ぶ (a) 路面電車 (b) ヘリコプター **(c) タクシー**
(3) 航海する (a) 地下鉄 **(b) 船** (c) 馬車
(4) 運転する **(a) トラック** (b) ゴンドラ (c) ロケット
(5)（消印を押して）有効にする
　　　　　　　　　 (a) 切符 (b) パスポート (c) 運転免許
(6) 乗り換えをする (a) ハンドル (b) ガソリン **(c) 電車**
(7) 違反する **(a) 検札係** (b) パイロット (c) 船長
(8) 飛ぶ (a) 水上バス **(b) 飛行機** (c) ケーブルカー

練習3

(1) Statua

　　サン・ジョルジョ教会はどこですか？

　　―ダンテ広場のダンテの像の前です。

(2) Ponte

　　国立図書館へ行きたいのですが。

　　―ヌォーヴォ橋を渡り、ずっと真っ直ぐに行ってください。そこの突き当たりにあ
　　　ります。

(3) Parco

　　ホテル・ベアトリーチェはどこにありますか？

　　―ちょうどその図書館の近くで、市民公園の後ろです。

(4) Banca

　　この辺に案内所はありますか？

　　―ダンテ広場にひとつあります。ポポラーレ銀行の隣です。

(5) Museo

　　ヴィルジーリオ劇場へはどう行くの？

　　―ダンテ広場の近くで、考古学博物館の正面にあるよ。

Capitolo 5

【基本トレーニング編】

練習1

(1) collo	(2) naso	(3) testa	(4) 目
(5) 顔	(6) gola	(7) lingua	(8) 手
(9) 爪	(10) 胸	(11) barba	(12) 歯
(13) 脚	(14) orecchio	(15) ciglio	(16) sopracciglio
(17) guancia	(18) 髪	(19) 肘	(20) piede

練習2

(1) madre	(2) genero	(3) 両親	(4) おじ
(5) 妻	(6) figlio	(7) 婚約者	(8) 父
(9) 祖父	(10) fratello	(11) いとこ（男）	(12) 義兄（弟）

⒀ nipote　　　　　⒁ sorella　　　　　⒂ figlia　　　　　⒃ 曾祖父

⒄ 夫　　　　　　　⒅ zia　　　　　　　⒆ suocera　　　　　⒇ nonna

練習 3

例：fronte 額

① sopracciglio 眉毛　　② occhio 目　　　　③ naso 鼻　　　　　④ labbro 唇

⑤ testa 頭　　　　　　⑥ orecchio 耳　　　⑦ guancia 頬　　　⑧ baffi 口ひげ

⑨ bocca 口　　　　　　⑩ collo 首　　　　　⑪ petto 胸　　　　　⑫ pancia 腹

⑬ polso 手首　　　　　⑭ mano 手　　　　　⑮ dito 指　　　　　⑯ gamba 脚

⑰ piede 足　　　　　　⑱ capelli 髪の毛　　⑲ spalla 肩　　　　⑳ gomito 肘

㉑ schiena 背中　　　　㉒ braccio 腕　　　　㉓ sedere 尻　　　　㉔ ginocchio 膝

㉕ caviglia 足首

【応用トレーニング編】

練習 1

⑴ carnagione 肌（の色）	abbronzata 日焼けした―chiara 透き通るような―scura 浅黒い―olivastra オリーブ色がかった褐色の
⑵ occhi 目	azzurri 青い―a mandorla 切長の（アーモンド形の）―neri 黒い―castani 栗色の
⑶ corporatura 体格	snella 高くほっそりした―robusta 逞しい―atletica 運動選手らしい―corpulenta 肥満した
⑷ gambe 脚	muscolose 筋肉隆々とした―corte 短い―slanciate すらりとした―lunghe 長い
⑸ altezza 背丈	alto (alta) 高い―basso (bassa) 低い―media 中ぐらいの ＊ただし、alto, basso についてはLui è alto.「彼は背が高い」のように人を主語にして表す
⑹ capelli 髪	ricci カールした―lisci なめらかな、まっすぐの―con colpi di sole メッシュの入った―brizzolati 白髪まじりの

171

練習 2

1) occhio, testa　　2) bocca　　　　3) naso, bocca

4) mano　　　5) gambe

練習 3

(1) padre　　　　クラウディオはローザの父です。

(2) marito　　　　クラウディオはイレーネの夫です。

(3) nonno　　　　アルフレードはローザの祖父です。

(4) suocera　　　エレナはシモーネの姑です。

(5) nonna　　　　エレナはルーカの祖母です。

(6) figlia　　　　パオラはアルフレードの娘です。

(7) nipote　　　　ローザはエレナの孫です。

(8) cugina　　　　アリーチェはローザのいとこです。

(9) figlio　　　　ルーカはパオラの息子です。

(10) moglie　　　　イレーネはクラウディオの妻です。

(11) figlio　　　　ルーカはシモーネの息子です。

(12) sorella　　　　パオラはクラウディオの姉（妹）です。

(13) fratello　　　　ルーカはアリーチェの兄（弟）です。

(14) genitori　　　アルフレードとエレナはパオラとクラウディオの両親です。

(15) nonni　　　　アルフレードとエレナはルーカとアリーチェとローザの祖父母です。

練習 4

(1) figlio unico　　(2) coniuge　　　(3) fratellastro　　(4) genitore

(5) figliastro　　　(6) scapolo　　　(7) primogenito　　(8) bisnonno

(9) genero　　　(10) nuora

Capitolo 6

【基本トレーニング編】

練習 1

(1) maglietta　　(2) occhiali　　　(3) 靴下　　　(4) ベルト

(5) ジャンパー　　(6) pantaloni　　(7) scarpe　　(8) 下着

(9) スーツ   ⑽ ネックレス   ⑾ cravatta   ⑿ 指輪

⒀ giacca   ⒁ ショートパンツ   ⒂ 手袋   ⒃ stivali

⒄ ブラジャー   ⒅ 襟   ⒆ manica   ⒇ sciarpa

練習 2

(1) nero   (2) verde   (3) 白   (4) 黄色

(5) 柔らかい   (6) rotondo, tondo   (7) 明るい   (8) 暗い

(9) 幅広い、ゆるい   ⑽ stretto   ⑾ チェックの   ⑿ a righe

⒀ ノースリーブの   ⒁ 半袖の   ⒂ semplice   ⒃ 派手な、けばけばしい

⒄ 花柄の   ⒅ a pois   ⒆ a tinta unita   ⒇ ハイネックの

練習 3

例：cappello 帽子

① camicia ワイシャツ   ② cravatta ネクタイ

③ gilè ベスト   ④ cappotto コート

⑤ cintura ベルト   ⑥ giacca da uomo 男性用ジャケット

⑦ pantaloni ズボン、スラックス   ⑧ scarpe in pelle 革靴

⑨ collanina 細身のネックレス   ⑩ giacca da donna 女性用ジャケット

⑪ camicetta ブラウス   ⑫ gonna スカート

⑬ calze ストッキング、靴下   ⑭ scarpe con i tacchi alti ハイヒール

⑮ orecchini イヤリング、ピアス   ⑯ sciarpa マフラー

⑰ giubbottᵒ ジャンパー   ⑱ maglione セーター

⑲ jeans ジーンズ   ⑳ stivali ブーツ

㉑ occhiali da sole サングラス   ㉒ maglietta T シャツ

㉓ orologio 時計   ㉔ pantaloncini ショートパンツ

㉕ scarpe sportive スポーツシューズ

練習 4

(1) marrone 茶色のコート   (2) azzurra 青いワイシャツ

(3) rosa ピンクのブラウス   (4) bianca 白いスカート

(5) nera 黒い男性用ジャケット   (6) arancione オレンジ色の女性用ジャケット

(7) rosso 赤いセーター   (8) verde 緑のジャンパー

(9) grigi グレーのスラックス   ⑽ viola 紫色の手袋

練習5

(1) bello   (2) simpatico   (3) giovane   (4) aperto

(5) sorridente   (6) gentile   (7) rotondo   (8) morbido

(9) lungo   (10) folto   (11) ampio   (12) magro

(13) alto   (14) nero   (15) bianco   (16) marrone

(17) azzurro   (18) grigio   (19) biondo   (20) chiaro

練習6

(1) brutto 醜い   (2) antipatico 感じの悪い   (3) chiuso 閉鎖的な

(4) duro 固い   (5) quadrato 四角い   (6) corto 短い

(7) ristretto 狭い   (8) grasso 太った   (9) basso 低い

(10) scuro 暗い

【応用トレーニング編】

練習1

① fantasia   ペイズリー柄のネクタイ

② a tinta unita   無地の男性用のジャケット

③ a maniche lunghe   長袖のワイシャツ

④ a righe   ストライプ模様のスラックス

⑤ senza maniche   ノースリーブのワンピース

⑥ a quadretti   チェック柄の女性用のジャケット

⑦ a fiori   花柄のブラウス

⑧ a maniche corte   半袖のカットソー

⑨ a pois   水玉模様のTシャツ

⑩ a collo alto   ハイネックのセーター

練習2

(1) le scarpe   (g) da ginnastica   運動靴

(2) i tacchi   (j) a spillo   ピンヒール

(3) le scarpe   (e) eleganti con i lacci   (甲部分に) 紐付きのフォーマル靴

(4) i mocassini   (i) con nappe   飾りふさ付きのモカシン靴

(5) le pantofole　　(a) da camera　　　　寝室用スリッパ

(6) le ciabatte　　　(f) da spiaggia　　　ビーチサンダル

(7) gli stivali　　　 (c) al ginocchio　　　ニーハイブーツ

(8) i sandali　　　　(h) con zeppa　　　　ウェッジソールのサンダル

(9) gli stivaletti　　(d) stringati　　　　（甲から足首までの）紐縛りのローブーツ

(10) gli scarponi　　(b) da neve　　　　　（太くて分厚い）雪用の長靴

練習3

(1) collana　　　　　ネックレス

それを首に付けると、女性はよりエレガントになる。

(2) cravatta　　　　　ネクタイ

男性の多くは公式の場で、上着やワイシャツとともにそれを付ける。

(3) sciarpa　　　　　マフラー、スカーフ

寒いときに首に付ける。

(4) impermeabile　　レインコート

雨から身を守るため、服の上から着る。

(5) cintura　　　　　ベルト

ズボンを（落ちないよう）上に保つために使う。

(6) occhiali da sole　サングラス

強すぎる光線から目を保護するためにそれを付ける。

(7) anello　　　　　 指輪

装飾のため、またはある絆の象徴として手の指にはめる。

(8) pigiama　　　　 パジャマ

床に就くためにそれを着る。それは柔らかなスタイルの上着とズボンの組み合わせでできている。

Capitolo 7
【基本トレーニング編】

練習1

(1) cielo　　　　　(2) tempo　　　　　(3) 天気予報　　　(4) 温度、気温

(5) vento　　　　　(6) neve　　　　　 (7) 雹　　　　　　(8) 霜

(9) 波　　　　　　(10) 霧　　　　　　(11) pianura　　　 (12) nuvola

(13) 北の　　　　(14) meridionale　　(15) Alpi　　　　(16) アペニン山脈

(17) 荒れた　　　(18) calmo　　　　　(19) 晴れた　　　(20) 嵐

練習 2

(1) dicembre　　(2) marzo　　　　(3) 冬　　　　　(4) primavera

(5) giovedì　　　(6) Natale　　　　(7) 夏　　　　　(8) 7月

(9) 6月　　　　(10) autunno　　　　(11) 元日　　　　(12) 日曜日

(13) 火曜日　　　(14) 1月　　　　　(15) aprile　　　(16) 土曜日

(17) Pasqua　　(18) mercoledì　　　(19) 2月　　　　(20) maggio

(21) 金曜日　　　(22) agosto　　　　(23) lunedì　　　(24) 9月

(25) novembre

練習 3

(1) Nevica.　　　　　　　雪が降ります。

(2) Piove.　　　　　　　　雨が降ります。

(3) C'è la nebbia.　　　　霧が出ます。

(4) È sereno.　　　　　　晴れます。

(5) È variabile.　　　　　変わりやすいです。

(6) È nuvoloso.　　　　　曇りです。

(7) C'è un temporale.　　嵐になります。

(8) È molto mosso.　　　大変荒れます。

(9) È mosso.　　　　　　荒れます。

(10) È calmo.　　　　　　穏やかです。

【応用トレーニング編】

練習 1

(1) Vento　　　(2) Nevica　　　(3) nubifragi　　(4) temporali

(5) variabile　　(6) calo　　　　(7) mossi　　　　(8) moderati

202○年11月22日火曜日、イタリアの空の予報は次のようです。

北部：

地方の全域で風が強く、フリウリ＝ヴェネツィア＝ジューリア州やヴェネト州ではどしゃ降りになるでしょう。アルプス山脈の地域の、1000メートル以上の所ではおそら

く雪になるかもしれません。

中部とサルデーニャ島：

ティレニア海側の斜面では、強い雨を伴う悪天候となります。夕方には西の斜面から回復するでしょう。

南部とシチリア島：

広範囲の雨の悪天候で、ティレニア海側の斜面では嵐となり（勢力の）強いものとなります。シチリア島やカラブリア州では雨は少なく、変わりやすい天気となりますが、プーリア州やバジリカータ州では好転するでしょう。

気温：

気温は下がり、最高でも13度から19度の間になります。アルプス西部の稜線の辺りやリグーリア州、エミリア＝ロマーニャ州、サルデーニャ島、シチリア島では、気温の低下が最大になるでしょう。

風と海：

アドリア海沿岸では風が大変強くなります。大荒れで、波が高いでしょう。西側のほかの海は穏やかです。

練習 2

(1) inverno

　12月、1月、2月は冬の月です。

(2) Carnevale

　2月にイタリアの多くの町では長いお祭りの期間があり、（人々は）仮面を付けたり、寓意を含んだ山車を引いたりします。その祭事はカーニバル（謝肉祭）といいます。

(3) Pasqua

　春には宗教関係のお祭りが祝われます。そこでは非常にたくさんのチョコレートの卵が食べられます。それは復活祭（イースター）といいます。

(4) vacanza

　6月、7月、8月に、多くのイタリア人は休暇を取ります（バカンスに出かけます）。

(5) autunno

　9月、10月、11月は秋の月です。

(6) donna

　3月8日は女性のお祭り（国際女性デー）で、その日にイタリア人の男性はミモザを贈ります。

解 答

(7) Capodanno

一年はこの月の一日（ついたち）に始まります。すなわち、元日です。

(8) estate

6月、7月、8月は夏の月です。

(9) Natale

クリスマスはキリスト教の重要なお祭です。それは12月にあり、子供たちも大好きで、素敵なプレゼントを期待しています。

(10) primavera

3月、4月、5月は春の月です。

練習3

(1) 傘	(a) 雨	(b) 星	(c) 霧
(2) アルプス山脈	(a) スペイン	(b) スイス	(c) アルゼンチン
(3) 嵐	(a) 虹	(b) 雷	(c) 月
(4) 天気予報	(a) 音楽	(b) ダンス	(c) 天気
(5) クリスマス	(a) パネットーネ	(b) 卵	(c) 鶏

*パネットーネ：ドライフルーツが入った伝統のドーム型菓子パン。イタリアではクリスマス時期によく食べられる。

(6) カーニバル	(a) ブーツ	(b) 仮面	(c) 冠
(7) 海	(a) 荒波、時化	(b) 豪雨	(c) 予測
(8) アペニン山脈	(a) サルデーニャ島	(b) リグーリア州	(c) シチリア島

練習4

(1) catinelle

どしゃ降りの雨だ。傘がどうしても必要だ。

（catinella は「洗面器」という意味）

(2) pecorelle

ごらん、まだら雲の空だね。まもなく雨が降ると予測するよ。

（pecorella は「子羊」という意味）

(3) cane

気温が下がっている。外はひどく寒いよ。

（cane は「犬」であるが、名詞の後ろにつけて「ひどい」という意味を表す）

(4) coltello

湖畔にはとても濃い霧が出ている。

（si taglia con il coltello は「ナイフで切れるほどの」といった意味。つまり、それほ
ど濃く深い様子を表す）

(5) pietre

大変な暑さだ！　灼熱の太陽が出ているよ。

（spacca le pietre の直訳は「石をまっぷたつにする」）

(6) San Martino

11月初めのある短い時期に、「聖マルティーノの夏」というのがあり、その時期に
は気候がいつになく暖かくなります。（日本の「小春日和」）

Capitolo 8

【基本トレーニング編】

練習1

(1) uva	(2) りんご	(3) いちご	(4) limone
(5) pesca	(6) pera	(7) あんず	(8) グレープフルーツ
(9) キャベツ	(10) aglio	(11) インゲン豆	(12) melanzana
(13) セロリ	(14) 玉ねぎ	(15) きのこ	(16) verdura
(17) 魚	(18) 肉	(19) 冷凍食品	(20) tartufo
(21) carota	(22) pollo	(23) 豚（肉）	(24) coniglio
(25) 仔羊			

練習2

(1) 生ハム	(2) cinghiale	(3) ソーセージ	(4) ジビエ
(5) 仔牛	(6) aceto	(7) latte	(8) 調味料
(9) vino	(10) ジュース	(11) パセリ	(12) melone
(13) fico	(14) spinaci	(15) シナモン	(16) レンズ豆
(17) zafferano	(18) spumante	(19) 砂糖	(20) ショウガ
(21) finocchio	(22) carciofo	(23) 乳製品	(24) 甲殻類
(25) agrumi			

練習3

① mela	② limone	③ fragola	④ ciliegia

⑤ arancia　　⑥ sedano　　⑦ peperone　　⑧ melone

⑨ uva　　⑩ patata　　⑪ melanzana　　⑫ cipolla

⑬ carota　　⑭ zucchino　　⑮ cavolo

練習4

(1) prosciutto crudo　(2) salame　(3) salsiccia　(4) basilico

(5) cannella　(6) prezzemolo　(7) rosmarino　(8) zenzero

(9) Parmigiano-Reggiano　⑩ caciocavallo　⑪ birra　⑫ latte

⑬ spremuta d'arancia　⑭ spumante　⑮ tè al limone　⑯ vino

⑰ pepe　⑱ burro

【応用トレーニング編】

練習1

(1) スパゲッティ・カルボナーラ　　uovo 卵

　＊日本での一般的な呼び名（以下同）

(2) ピザ・マルゲリータ　　mozzarella モッツァレラ

(3) ペンネ・アラビアータ　　peperoncino とうがらし

(4) ミラノ風リゾット　　zafferano サフラン

(5) アマトリーチェ風ブカティーニ　guanciale グアンチャーレ

(6) ティラミス　　mascarpone マスカルポーネ

(7) アクアパッツァ　　pesce 魚

(8) ブルスケッタ　　pane パン

(9) ノルマ風パスタ　　melanzana なす

⑩ ローマ風サルティンボッカ　prosciutto crudo 生ハム

練習2

(1) おろし器　　**(a) チーズ**　(b) バター　(c) ハチミツ

(2) リゾット　　(a) 小麦　(b) 酵母菌　**(c) 米**

(3) ハム　　**(a) 豚**　(b) 野ウサギ　(c) マグロ

(4) 付け合わせ　(a) 雄牛（肉）　(b) サーモン　**(c) サラダ**

(5) 食後酒　　(a) 牛乳　**(b) グラッパ**　(c) ショウガ

(6) ピンツィモニオ（オリーブオイル・酢・こしょう・塩で作るドレッシング）

	(a) **オリーブオイル**	(b) 生クリーム	(c) ラード
(7) ジェノヴァ風ペースト	(a) **バジル**	(b) タイム	(c) フェンネル
(8) ワイン	(a) 冷凍食品	(b) 焼いた	(c) **長期熟成**

練習3

(1) focaccia

今日は僕たちは負けた… でも、次回は彼らに借りを返そう。

（rendere pan per focaccia「相応の仕返しをする」）

(2) vino

私たちの家族は、時には仲良くやり、ある時には言い争いもするのだが、すべては
いつだって丸くおさまるものだ。

（finire a tarallucci e vino「丸くおさまる」。tarallucci はプーリア伝統のお菓子の名
称で tarallo の変容。直訳は「お菓子とワインで終わる」となる）

(3) foglia

僕はジャンニに悪戯を用意していたのだが、彼はパーティーに来なかった。おそら
く彼は勘づいたのだろう。（mangiare la foglia「真相を見抜く」）

(4) prosciutto

彼のミスを見ないように、君はぼうっとしていなければならなかった。

（avere gli occhi foderati di prosciutto「ぼんやりして何も見えない」。直訳は「ハ
ムで目を覆っている」）

(5) minestra

時々食事を断ろうとすると、おばあちゃんは僕に「このスープを飲むか、あの窓か
ら飛び降りるか」(諺) とよく言ったものだ。

(6) mela

ネーリ医師の娘さんが看護師になった。人々は、血は争えないと言っている。

（直訳は「リンゴは決して木から遠くには落ちない」）

(7) birra

ジョヴァンニは全力で走って、会議に間に合った。（a tutta birra「全力で」）

解 答

Capitolo 9
【基本トレーニング編】

練習1

(1) bistecca   (2) contorni   (3) ミックスサラダ   (4) フライドポテト

(5) frittata   (6) antipasti   (7) ローストした肉   (8) zuppa

(9) crocchette   (10) gelato   (11) コップ、グラス   (12) sorbetto

(13) forchetta   (14) フライパン   (15) polpette   (16) lasagne

(17) affettati misti   (18) ピクルス   (19) スプーン   (20) ナイフ

練習2

(1) フライ返し   (2) mestolo   (3) bacchette   (4) friggere

(5) 切る   (6) 皮をむく   (7) tritare   (8) cuocere

(9) 弱火で   (10) al forno   (11) al dente   (12) 肉たたき

(13) ciotola   (14) grattugia   (15) passata

(16) 軽く炒める（揚げる）   (17) 薄く切る、スライスする

(18) a fuoco vivo（alto, forte）   (19) 水気を切る   (20) pelapatate

(21) tegame   (22)（深めの）鍋   (23) grigliata   (24) ben cotta

(25) condire

練習3

Antipasti: bruschetta ブルスケッタ, crostini クロスティーニ, prosciutto e melone 生ハムメロン

Primi: lasagne ラザニア, risotto リゾット, tortellini トルテリーニ, ribollita リボッリータ

Secondi: bistecca di maiale 豚肉のステーキ, cotoletta カツレツ, involtini インヴォルティーニ, spigola alla griglia スズキのグリル

Contorni: spinaci al burro ほうれん草のバター炒め, patate al forno じゃがいものオーブン焼き, fiori di zucca fritti ズッキーニの花のフライ

Dolci: macedonia フルーツポンチ, torta della nonna おばあちゃんのケーキ, zuppa inglese ズッパイングレーゼ

＊Antipasti は「前菜」で主に酒のつまみが並ぶ。軽めの一品や、パンやクラッカーにのせた

182

おつまみが主なメニューとなる。Primi（piatti）には炭水化物系のものが入り、スープ、パスタ、米料理などが並ぶ。Secondiはいわゆるメインディッシュ。肉または魚（魚介類）のタンパク質系の料理が主となる。ContorniはSecondiの付け合わせとなる一品。火を通した野菜系の料理が中心。Dolciはデザート類。

【応用トレーニング編】

練習1

下準備の表現： 例）tagliare切る，lavare洗う，impanareパン粉をまぶす，infarinare小麦粉をまぶす，sbucciare皮をむく，affettare薄切りにする，tritareみじん切りにする

調理法の表現： 例）cuocere（加熱して）調理する，rosolareキツネ色に炒める，friggere揚げる、炒める，saltareソテーする，bollire煮る、ゆでる，arrostire焼く、あぶる，grigliareグリルする、網焼きにする

調理器具： 例）coltelloナイフ，padellaフライパン，pentola（深）鍋，spatolaフライ返し，scolapasta（ゆでたパスタの）水切り，tegame（浅）鍋，mestolo玉じゃくし、レードル

分量の表現： 例）grammiグラム，litroリットル，spicchio（一）片、房，goccio（液体の）少量，pizzico（一）つかみ，etto100グラム，ciuffo（一）かたまり，fetta（一）切れ、切り身

練習2

(1)-(a) 果物や野菜の皮をむく。

(2)-(f) かなり高温の少量の油で加熱調理する。

(3)-(c) 非常に高温の大量の油で加熱調理する。

(4)-(h) 90度以上のお湯で調理する。

(5)-(j) 黄金色の焼き目が付くまで食べ物を弱火で調理する。

(6)-(d) 切って、食品を小片にする。

(7)-(e) 野菜、肉、または魚が、わずかな水や、時にトマトを加えたりして煮られる。

(8)-(g) 食べ物の下ごしらえに使われるあらゆる材料。

(9)-(i) 辛口のパスタの味付け。

(10)-(b) 詰めるために肉や卵や野菜といった多くの食品を必要とする。

解　答

練習3

薄切り肉のピッツァイオーラ風（ピザ職人風）

設問(1)

(1) fettine　　　　　(2) passata　　　　　(3) sott'olio

(4) sotto sale　　　　(5) spicchi

材料（3〜4人分）

仔牛（雄）または雄牛肉の薄切り 600g

トマトの裏漉し（トマトピューレ）500g

オイル漬けのオリーブ 一つかみ

塩漬けのケーパー 一つかみ

ニンニク 2片

オレガノ 適量

エキストラヴァージン・オリーブオイル 適量

塩 適量

設問(2)

(1) sbattete　　　(2) scaldate　　　(3) scottate　　　(4) mettetele

(5) tenete　　　(6) preparate　　　(7) aggiungete　　　(8) cuocete

(9) rimettete　　　(10) lasciatela　　　(11) aggiustate

1) 薄切り肉を肉たたきで叩いてください、または代わりに包丁のみねで叩いてください。

2) 少量のオリーブオイルを引き、フライパンを温めてください。そして手早く薄切りの両面を軽く炒めてください。そうしたら、肉を別に移しておいてください。

3) 使ったばかりのフライパンを持って、潰したニンニクをオリーブオイルで温めながら、ソースの準備をしてください。それからトマト、オリーブの実、塩抜きしたケーパー、オレガノを加え、そのまま数分間加熱してください。

4) 肉をフライパンに戻してください。ソースが十分に濃縮するまで時々混ぜながら、弱火で数分間、味を染み込ませてください。お好みで塩で味を整えたら、美味しく召し上がれ！

(1) 加熱調理した   (g) 生の

(2) 熱い   (e) 冷たい

(3) 美味しい   (a) まずい

(4) 新鮮な   (c) 冷凍食品の

(5) 甘い   (h) 苦い

(6) 家庭の、手製の   (i) 工業の

(7) 風味のよい   (d) 味気ない

(8) 軽い   (f) 重い

(9) 未熟な   (b) 熟れた

練習 5

(1) 濾す   (e) フィルターを通す、濾過する

(2) 水をかける   (g) ぬらす、水をかける

(3) 組み合わせる   (a) 結び付ける

(4) 穴を開ける   (i) 穴を開ける

(5) 横たえる、寝かせる   (b) 伸ばす、広げる

(6) 味を見る   (h) 味見する

(7) 豊かにする、装飾する   (c) 美しくする、飾る

(8) 回す   (d) 回す

(9) 巻く   (f) 巻き付ける

Capitolo 10

【基本トレーニング編】

練習 1

(1) 猫	(2) 犬	(3) 羊	(4) lepre
(5) leone	(6) キリン	(7) 象	(8) ミツバチ
(9) farfalla	(10) mosca	(11) 鹿	(12) 馬
(13) topo	(14) orso	(15) キツネ	(16) zanzara
(17) 狼	(18) ワニ	(19) ragno	(20) サル

練習 2

(1) ツバメ (2) tonno (3) corvo (4) アヒル
(5) アサリ (6) granchio (7) conchiglia (8) イカ
(9) 鷲 (10) イワシ (11) salmone (12) エビ
(13) balena (14) delfino (15) 鯖 (16) スズメ
(17) gabbiano (18) cozza (19) タコ (20) ウナギ
(21) struzzo (22) クジャク (23) trota (24) rombo
(25) ハト

練習 3

(1) orso (2) cervo (3) cavallo (4) cane
(5) gatto (6) topo (7) tigre (8) volpe
(9) leone (10) aquila (11) gabbiano (12) pavone
(13) ape (14) farfalla (15) rana

練習 4

(1) tonno (2) anguilla (3) polpo (4) calamaro
(5) rombo (6) balena (7) delfino (8) granchio
(9) gambero (10) cozza (11) vongola (12) salmone

【応用トレーニング編】

練習 1

(1) ミツバチ (f) ミツバチの巣
(2) ネズミ (a) 穴、巣穴
(3) 豚 (i) 豚小屋
(4) 雌鶏 (d) 鶏小屋、養鶏場
(5) 馬 (c) 馬（牛）小屋
(6) インコ (g) 鳥かご
(7) ツバメ (b) 巣
(8) 犬 (e) 犬小屋
(9) 魚 (h) 海

練習 2

(1) 雄牛	(e) 力強さ
(2) カタツムリ	(a) 慎重さ
(3) 犬	(b) 忠実さ
(4) キツネ	(f) 狡猾さ
(5) ヘビ	(g) 偽り
(6) ライオン	(h) 勇気
(7) 牛	(d) 我慢強さ
(8) ラバ	(c) 頑固さ、強情さ

練習 3

(1) pesci　起きなさい、お寝坊さん！　寝ている者に魚は獲れないって知ってるわね。（諺で「怠け者には成功はおぼつかない」という訓え）

(2) gatta　ステファニアはグループの男の子みんなと仲よくしようとして、無邪気なふりをしている。彼女は猫をかぶっているんだ。（直訳は「死んだ猫」）

(3) orso　お祝いをする前にちょっと待とう。熊を殺す前に熊の皮を売ってはいけない。（日本の諺「取らぬ狸の皮算用」に類似する）

(4) leone　サンドロはチャンピオンで、この競技会でもいい所をひとり占めにした。

(5) tigre　とても困難で、危険な状況だ。危険を顧みずに難事に当たる能力と勇気のある人が必要なのだが。

付録　レベル・アップ語彙力トレーニング

【基本トレーニング編】

練習 1

(1) calcio	(2) fisica	(3) righello	(4) 熱
(5) ギター	(6) banca	(7) università	(8) 水泳
(9) ヒマワリ	(10) 葉	(11) sci	(12) 文学
(13) ペンケース、筆箱	(14) concerto	(15) pino	(16) francobollo
(17) 大使館	(18) 咳	(19) バイオリン	(20) 万年筆

練習2

(1) raffreddore　(2) ginnastica　(3) borsa di studio　(4) 根

(5) ハサミ　(6) tamburo　(7) iniezione　(8) ストライキ

(9) 投資　(10) orchestra　(11) quaderno　(12) 音楽

(13) 高校　(14) gara　(15) 枝　(16) 桜の木

(17) presidente　(18) 政府　(19) ufficio postale　(20) nausea

練習3

(1) 手紙　(2) 市長　(3) 茎　(4) ciclismo

(5) Medicina（Facoltà di Medicina）　(6) dato　(7) フルート

(8) 辞書　(9) 骨折　(10) 請求書　(11) tasse

(12) importazione　(13) giglio　(14) スケート　(15) 試合、ゲーム

(16) partito　(17) Architettura（Facoltà di Architettura）　(18) rete

(19) のり　(20) 百科事典

練習4

(1) インク　(2) トランペット　(3) chirurgo　(4) ministro

(5) 口座　(6) cliccare　(7) バレーボール　(8) とげ

(9) ポプラ　(10) Giurisprudenza（Facoltà di Giurisprudenza）

(11) 小学校　(12) アクセスする　(13) 鉛筆削り　(14) チェロ

(15) antibiotico　(16) manifestazione　(17) 受領書、領収書　(18) 糸杉

(19) ceppo　(20) borsa

練習5

(1) referendum　(2) direttore　(3) セロハンテープ　(4) コピーする

(5) ペーストする　(6) castagno　(7) bocciolo　(8) 陸上競技

(9) ボクシング　(10) 工学部　(11) chimica　(12) 画像処理

(13) evidenziatore　(14) diarrea　(15) internista　(16) 選挙

(17) 耳鼻咽喉科医　(18) scaricare　(19) 炎症　(20) automobilismo

【応用トレーニング編】

練習 1

(1) pugilato ボクシング　　　　　　— lotta レスリング

(2) sito ホームページ　　　　　　　— navigare 情報検索する

(3) biro ボールペン　　　　　　　　— matita 鉛筆

(4) chitarra ギター　　　　　　　　— viola ヴィオラ

(5) gonfiore 水ぶくれ　　　　　　　— bruciatura 火傷

(6) sindaco 市長　　　　　　　　　— politico 政治家

(7) cartolina 絵はがき　　　　　　— lettera 手紙

(8) serie リーグ　　　　　　　　　— campionato 選手権、リーグ戦

(9) geranio ゼラニウム　　　　　　— rosa バラ

(10) tronco 幹　　　　　　　　　　— ceppo 株

練習 2

(1) prelievo（お金の）引き出し　— deposito 預け入れ

(2) consigliere 参事　　　　　　　— assessore 評議員

(3) vertigine めまい　　　　　　　— nausea 吐き気

(4) chirurgo 外科医　　　　　　　— psichiatra 精神科医

(5) duo 二人組　　　　　　　　　— trio 三人組

(6) percussioni パーカッション　— batteria ドラム

(7) compasso コンパス　　　　　— puntatrice ホチキス

(8) linea digitale デジタル回線　— cavo ケーブル

(9) geografia 地理　　　　　　　— matematica 数学

(10) scuola media 中学校　　　　— liceo 高校

練習 3

(1) schermo モニター　　　　　　— tastiera キーボード

(2) votazione 投票　　　　　　　— campagna elettorale 選挙運動

(3) rate 月賦、分割払い　　　　　— prestito 貸付、ローン

(4) taglio 切り傷　　　　　　　　— crosta かさぶた

(5) ginecologo 婦人科医　　　　— dermatologo 皮膚科医

(6) biologia 生物（学）　　　　　— fisica 物理（学）

(7) laurea 学士号 ― università 大学

(8) scherma フェンシング ― incontro 対戦

(9) petalo 花弁 ― foglia 葉

(10) gomma da cancellare 消しゴム ― nastro adesivo セロハンテープ

練習 4

(1) tasto（キーボードの）キー ― inserire 入力する

(2) dizionario 辞書 ― enciclopedia 百科事典

(3) pianoforte（グランド）ピアノ ― organo オルガン

(4) ostetrico 産科医 ― oculista 眼科医

(5) raffreddore 風邪 ― tosse 咳

(6) ministro 閣僚 ― consigliere 参事

(7) espresso 速達 ― raccomandata 書留

(8) storia 歴史 ― letteratura 文学

(9) torneo トーナメント ― partita 試合

(10) radice 根 ― calice 萼

練習 5

(1) automobilismo モータースポーツ ― regata 漕艇（ボートレース）

(2) scienze politiche 政治学 ― economia 経済学

(3) motore di ricerca 検索エンジン ― cliccare クリックする

(4) trombone トロンボーン ― sassofono サックス

(5) ginecologo 婦人科医 ― internista 内科医

(6) terrorismo テロ ― attentato テロ行為

(7) platano プラタナス ― cipresso 糸杉

(8) righello 定規 ― metro 巻尺、メジャー

(9) vaccino ワクチン ― iniezione 注射

(10) investimento 投資 ― tasso di interesse 利率

Indice

Indice

192

R

225

著者紹介

京藤好男（きょうとう　よしお）
東京外国語大学イタリア語学科卒業。1995 年に文部省国際交流制度派遣留学生として、ヴェネツィア大学に留学。東京外国語大学大学院博士前期課程修了。イタリア文学専攻。現在、慶應義塾大学、法政大学、中央大学、武蔵大学、武蔵野音楽大学などで講師を務める。
著書に『イタリア語検定 3 級突破単語集』(三修社＜共著＞)、『イタリア語検定 4・5 級突破単語集』(三修社＜共著＞)、『中級へのイタリア語文法』(三修社＜共著＞)、『場面で学ぶイタリア語発音マスター』(三修社＜共著＞)、『イタリア語動詞活用ドリル』(三修社)、『イタリア語を読む』(三修社＜共著＞) など。

●音声ダウンロード・ストリーミング

1. PC・スマートフォンで本書の音声ページにアクセスします.
https://www.sanshusha.co.jp/np/onsei/isbn/9784384060683/
2. シリアルコード「06068」を入力.
3. 音声ダウンロード・ストリーミングをご利用いただけます.

イタリア語ボキャビル・トレーニング

2023年11月30日　第1刷発行

著　者　京藤好男

発行者　前田俊秀

発行所　株式会社 三修社
　　　　〒150-0001　東京都渋谷区神宮前2-2-22
　　　　TEL 03-3405-4511　FAX 03-3405-4522
　　　　振替 00190-9-72758
　　　　https://www.sanshusha.co.jp
　　　　編集担当　菊池 暁

印刷製本　　日経印刷株式会社